本书由广西高校人文社科重点研究基地——健康与经济社会发展研究中心
广西高等学校千名中青年骨干教师培育计划资助项目
（项目号：2021QGRW021）资助

城市医养融合养老模式的理论与实践

以广西三家机构为例

陈宇 著

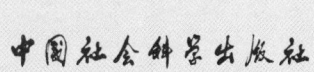

图书在版编目（CIP）数据

城市医养融合养老模式的理论与实践：以广西三家机构为例 / 陈宇著 . —北京：中国社会科学出版社，2022.9
ISBN 978-7-5227-0558-3

Ⅰ.①城⋯ Ⅱ.①陈⋯ Ⅲ.①城市—养老—研究—中国 Ⅳ.①D669.6

中国版本图书馆 CIP 数据核字（2022）第 128927 号

出 版 人	赵剑英
责任编辑	刘亚楠
责任校对	张爱华
责任印制	张雪娇

出　版	中国社会科学出版社
社　址	北京鼓楼西大街甲 158 号
邮　编	100720
网　址	http://www.csspw.cn
发 行 部	010-84083685
门 市 部	010-84029450
经　销	新华书店及其他书店
印　刷	北京明恒达印务有限公司
装　订	廊坊市广阳区广增装订厂
版　次	2022 年 9 月第 1 版
印　次	2022 年 9 月第 1 次印刷
开　本	710×1000　1/16
印　张	12.75
插　页	2
字　数	210 千字
定　价	78.00 元

凡购买中国社会科学出版社图书，如有质量问题请与本社营销中心联系调换
电话：010-84083683
版权所有　侵权必究

目 录

第一章 导论 …………………………………………………（1）
  一 研究缘起及意义 ……………………………………（1）
  二 研究现状与述评 ……………………………………（6）
  三 核心概念、理论视角及研究方法 …………………（21）
  四 研究思路及结构 ……………………………………（27）
  五 研究重点和难点 ……………………………………（30）

第二章 城市医养融合参与主体的不同行动逻辑及其
       整合机制 …………………………………………（31）
  一 城市医养融合兴起和发展的历程 …………………（32）
  二 城市医养融合参与主体的不同行动逻辑 …………（41）
  三 城市医养融合发展的长效机制：一个理论解释的
     框架 …………………………………………………（57）
  四 小结 …………………………………………………（64）

第三章 广西城市医养融合机构的发展及其典型
       运作方式 …………………………………………（66）
  一 广西城市医养融合机构发展的主要背景和
     基本脉络 ……………………………………………（66）
  二 广西城市医养融合机构发展的主要特征 …………（78）
  三 广西城市医养融合三家典型机构的运作方式及其
     功能比较 ……………………………………………（86）

四　小结 ……………………………………………………（106）

第四章　广西城市医养融合参与主体的行动目标及其
　　　　合作困境 …………………………………………（107）
　　一　广西城市医养融合的多元主体及其行动目标 ………（108）
　　二　广西城市医养融合参与主体的多维互动 ……………（127）
　　三　广西城市医养融合实践主体的合作困境 ……………（136）
　　四　小结 ……………………………………………………（154）

第五章　城市医养融合机构"制度化合作"的实现
　　　　条件和调适策略 …………………………………（155）
　　一　城市医养融合机构"制度化合作"的内涵 …………（156）
　　二　城市医养融合机构"制度化合作"的实现条件 ……（160）
　　三　城市医养融合机构"制度化合作"的调适策略 ……（166）
　　四　小结 ……………………………………………………（172）

第六章　结论与讨论 …………………………………………（174）
　　一　基本结论 ………………………………………………（174）
　　二　简短的讨论 ……………………………………………（177）

参考文献 ………………………………………………………（178）

附录
　附录1：医养融合政策及发展访谈提纲 ………………………（189）
　附录2：医养融合机构发展现状访谈提纲 ……………………（190）
　附录3：医养融合机构现状访谈提纲 …………………………（192）
　附录4：访谈信息表 ……………………………………………（194）

后记 ……………………………………………………………（197）

第一章 导论

近十年来，医养融合机构在我国城市大量涌现，对缓解由于人口老龄化、家庭规模小型化与功能简单化、养老资源供给不足等因素造成的养老压力起到相当积极的作用。这种把医疗资源和养老资源整合起来，形成集健康管理和日常照护为一体的新型养老模式，确实在一定程度上为城市老年人提供更便捷、更全面、更优质的服务，因而逐渐受到社会各界的关注。从其发展的基本轨迹上看，我国城市医养融合最初从养老机构或医疗机构延伸而来，之后地方政府有关部门才开始介入，再后来是国家出台相关政策加以倡导和鼓励。在此过程中，虽然全国很多城市的医疗机构或养老机构都根据自身条件和政策导向选择具体运作模式，从而形成多元主体介入、多种模式并存的格局，但从中也可以看出一个明显的趋势，即各类医养融合机构的运作方式正逐步由内部延伸模式向外部协作模式演变。那么，这种演变的内在动力和外在压力到底是什么？在当前情况下，协作模式是否能够顺利推进并有效发挥功能？从长远角度看，如何调适不同参与主体的行为、促进城市医养融合的有序发展？这些问题正是本书要着重讨论的内容。

一 研究缘起及意义

（一）研究缘起

随着人口老龄化程度的加深，我国面临越来越大的养老压力，而由于家庭结构的变迁，我国城市老年人的养老需求及其保障的实现越来越依赖于社会。但是,目前我国养老服务供给总体上无法满足老年人日常生活照料、医疗护理及健康管理等医养一体化的需求。在这种背景下,各种类型的医养融合机构应运而生。尽管这种新型服务组织确实能够较好地整合医疗和养老的资源,但在实践中也存在不少问题,亟须从理论上加以澄清。更具体地说,本书的选题主要基于以下社会事实:

1. 人口老龄化和养老社会化的基本事实

根据联合国标准,当一个国家或地区60岁及以上老年人口占人口总数的10%,该国家或地区就进入了人口老龄化社会。[①] 当前,我国处于快速老龄化阶段,老年人口急剧增加,截至2020年11月1日,我国60岁以上老年人口有2.64亿人,占总人口18.7%,并以年均4.04%的速度持续增长。[②] 据2018年全国第六次卫生服务统计调查数据,60岁及以上老年人口慢病患病率占59.1%,失能比例占6.7%。[③] 也就是说,老年人口增长的趋势将持续相当长一段时期,老龄化已成为制约我国经济社会发展的重要因素之一。如何通过创新发展养老体系、提高养老服务质量,积极应对人口老龄化的挑战,回应亿万老年人的美好生活向往,更好地推动老年人的全面发展、社会全面进步,是我国进入全面建成小康社会决胜阶段以及我国养老服务体系建设和发展的重要战略窗口期的重大课题[④]。从历史的角度看,家庭养老是我国传统的养老方式,基本承担了老年人物质供养、生活照料以及精神慰藉等诸多功能。然而,计划生育国策的全面深入执行,国民生育观念的变化,培养后代成本的急剧攀升,导致我国家庭规模

[①] 陈聪、胡元佳、王一涛:《人口老龄化对我国卫生费用的影响》,《中国卫生统计》2012年第3期。

[②] 李建新、秋丽雅:《我国人口少子老龄化过程趋势、风险与对策分析》,《晋阳学刊》2022年第1期。

[③] 蔡敏、谢学勤、吴士勇:《我国老年人口健康状况及卫生服务利用》,《中国卫生信息管理杂志》2021年第1期。

[④] 本刊编辑部:《积极回应亿万老年人的美好生活期待》,《中国社会工作》2017年第10期。

不断缩小，传统家庭结构体系和分工模式进行了再调整，由于家庭结构的快速转型，以家庭为主要载体和资源来源的传统养老模式已无法适应老年人的需要，家庭养老的功能和作用不断被弱化，因而必须尽快建立和完善一套社会化的养老体系。尤其在人口集聚、现代化程度较高的城镇地区，核心家庭中的子代普遍面临着相当严峻的工作压力和生活压力，导致其投入父辈生活赡养和精神慰藉上的时间和精力相当有限，城市老年人养老诉求的实现与保障越来越依赖社会化养老服务模式。

2. 多元养老需求与养老服务供给的矛盾

由于我国存在庞大的老年群体，尤其是失能半失能老年人对日常照料和医疗护理的需求高度叠加，所以对多层次、多元化的医养融合服务需求非常迫切。但目前城市养老系统与医疗系统基本处于"分而治之"的隔离状态。在该系统的框架下，一方面，养老服务绝大部分以日常生活照料为主，缺乏医疗护理、健康管理、心理慰藉等服务，老年人养老的多元化需求得不到满足；另一方面，疾病治愈但仍需要康复的出院老年人，因为"医保钱"不能转为"养老钱"以及找不到适合继续康复治疗的养老机构而不得不连续出院转院、想方设法地占用医院床位。如此一方面造成只有极少数人能够享受到"养老和看病两不误"的一体化服务，绝大多数老年人得不到专业的生活照料和医疗服务；另一方面则导致有限的医疗资源被不合理占用，从而使急需住院治疗的重症病人无法住院治疗，也可能造成过度医疗，给医保基金造成巨大的负担。[①] 因此，当前的"医养分离"状况不仅使城市老年群体的多元化需要得不到满足，而且也使公共养老服务既有失公平，又大大降低资源配置的效率。因此，当务之急是有效整合医疗和养老服务资源，使老年人获得便捷、连续、及时和专业的服务，尽量缓解供求矛盾。

---

① 王素英、张作森、孙文灿：《医养结合的模式与路径——关于推进医疗卫生与养老服务相结合的调研报告》，《社会福利》2013年第12期。

3. 养老政策倡导鼓励与实践困境并存的局面

为满足老年人的医疗护理和日常生活照料一体化需求，2013年国务院颁布《关于加快养老服务业发展的若干意见》（国发〔2013〕35号），明确要求"积极推进医疗卫生与养老服务相结合"。随后，国家相继出台了一系列政策促进医疗卫生和养老服务相融合，推动各地积极探索医养融合模式。这些政策涉及财政补贴、医保报销、税费减免、土地使用、人才培养、金融支持、社会资本引入等方面，对推动医养融合起到了积极的作用，打开了医养融合参与主体准入的大门，对各参与主体提出鼓励发展的意见及要求，尤其是鼓励社会资本积极参与养老机构医养融合发展。[①] 但是，医养融合的相关职能部门涉及多条线上不同政府部门（主要涉及民政、卫生、人社、土地、税务、财政等部门），由于不同部门的出发点有所差异，而且目前缺乏相关国家政策规范和引导不同政府部门之间的合作，因此不同部门之间出台的政策协调性很低，无法形成政策合力；而且目前国家政策多是宏观指导政策，缺乏操作性政策，导致医养融合政策在基层难以落地执行。因此，没有很好地推动医养融合各相关主体发挥协同作用，导致政策效果有限，医疗资源和养老资源相互阻隔、老年人养老服务缺位现象明显，机构养老资源浪费现象较为严重，无法满足老年人的医养一体化需求。政府部门各自为政、多头管理和宏观政策基层落实难已经严重影响了医养融合的可持续性发展。

4. 资源配置公益属性与效率追求的平衡

医疗机构和养老机构是两种性质不同的组织，尽管人们基本上都承认两者均具有公益性的成分，但由于医疗机构专业化水平高、规范性强、人财物力投入大，加之迄今为止的医疗资源，特别是优质资源仍处于高度稀缺状态，因此，医疗机构往往注重经济效率；而养老机构更侧重公益性，但财政对养老机构建设整体投入不足，大部分养老

---

① 睢党臣、彭庆超：《"白发浪潮"下我国医养结合养老服务的发展困境与对策研究》，《宁夏社会科学》2016年第4期。

机构赢利能力很弱，这种差异使医疗机构和养老机构在采取一致性行动方面存在很大的困难。[①] 对于大中型医疗机构而言，由于患者多、经济效益较好，发展医养融合不仅会分散其医疗资源、增加其运营成本，而且还会带来不必要的医疗纠纷，因此大中型医疗机构缺乏开展医养融合服务的动力。中小型医疗机构由于医疗条件有限、合法性地位较低，因此难以获得养老机构及老年人的青睐。"养老机构需求强，医疗机构愿望弱"的非均衡地位增加了医养融合发展的困难。

基于上述情况，必须从观念、理论和制度等方面寻求突破，以便为医养融合的普惠化营造良好的社会氛围、提供坚实的支撑。在已有研究中，一般认为医养融合发展困境出于合作框架、合作方式的相关制度设计不到位，在很大程度上是制度供给的不足导致医养融合发展困境。由此，一些学者将化解医养融合发展困境的探讨落在具体的制度创新和规则建构上。总体而言，由于城市医养融合尚处于起步阶段，学界主要从分析医养融合发展的具体环节所存在的问题入手，力图通过弥补制度及规则的不足来化解医养融合发展困境，而对医养融合模式演变的内在机制、不同主体的行动逻辑、未来发展方向等方面则缺乏较系统的研究。因此，针对困境提出的对策运用到实践的效果也不尽如人意。

事实上，医养融合机构不仅要面对法律制度的影响，而且要面对文化期待、社会规范、观念制度等制度环境的影响和制约。因此，本书拟从新制度主义和结构功能主义的视角，对城市医养融合不同参与主体的行动逻辑进行研究，具体是以我国城市医养融合发展的过程为脉络，以医养融合机构为对象，重点考察不同参与主体的行动逻辑，探讨各参与主体之间互动的方式、特点、困境及其原因，揭示医养融合具体运作模式演变的基本机制，同时通过广西壮族自治区一些典型案例的分析，比较城市医养融合不同运作模式的特征，以便探寻一种较优模式及其实现条件和具体路径。笔者认为，通过对这些问题的比较系统的分析，不仅有利于加深人们对医养融合内在机制的认识，也

[①] 陈宇：《医养融合的内在冲突及其制度化途径》，《学术论坛》2017年第2期。

有助于破解医养融合实践方面的一些难题,从而推动医养融合的健康发展。[①]

(二) 研究意义

本书的意义主要表现在以下两个方面:

1. 从理论上看,有关城市医养融合方面的研究仍存在很大的拓展空间。近年来,随着城市医养融合实践的持续推进,部分学者已经关注到这一现象并着手开展一些研究,同时也取得不少成果。但总的来看,目前相关研究绝大多数属于探索性、描述性研究,尤其缺乏对医养融合模式演变内在机制、未来发展方向和路径的比较系统的理论研究。因此,从一些新的,或许更适当的视角展开更深入、更系统的研究,无疑有助于人们从整体上认识和把握我国的城市医养融合发展的现状、特点及其未来趋向。

2. 从实践上看,我国城市医养融合的发展仍面临诸多困境。从当前以至未来相当长的一段时期中,人口老龄化的快速发展对我国经济社会发展构成巨大的挑战。城市医养融合的发展,实际上就是对这个挑战的一种积极的回应。但毋庸讳言,由于各种原因,我国城市医养融合在实践过程中仍存在许多急需突破的瓶颈问题,其中模式选择最为突出。因此,如何在对现有各种实践模型进行总结与反思的基础上,首先提出一个优选的理论模型,然后探寻该模型的实现条件和主要路径,无疑有助于促进城市医养融合的健康发展,有效减少医疗资源的结构性浪费,提高资源的配置效率,满足老年人医养一体化的多层次、多元化的新时代美好生活需要。

二 研究现状与述评

(一) 国外相关研究

一个国家医疗保障制度的建立是由该国经济、社会、政治、文化

[①] 陈宇:《医养融合的内在冲突及其制度化途径》,《学术论坛》2017年第2期。

等因素决定的。随着工业革命的完成及社会经济的快速发展，欧洲发达国家的人口结构发生了根本转变，人口老龄化随之而来，各国政府为应对人口老龄化，逐步把提供医疗卫生服务作为政府的重要职责之一，以期通过促进国民健康带来的生产力转化为经济或军事实力。[1] 之后，美国、日本等发达国家也争相效仿，从国家层面为老年群体提供相应的医疗卫生服务保障。当前，世界上大部分发达国家和地区都设置卫生福利部门，由该部门统筹医疗卫生与养老事务[2]，多数发达国家的养老机构与邻近区域的医疗机构都建立了良好的合作关系[3]，形成了较为成熟的以长期照护保险制度为基础的养老服务体系，养老服务的实施已从公共政策议程上升到政策执行层面，国家政府通过法律制度、优惠政策、资金设施等方面为养老服务提供全方位的支持。养老机构针对老年人的身体状况、经济能力、不同诉求等因素实施不同分类、不同等级管理，提供满足多样性的养老服务。[4] 因此，其他国家并没有"医养融合"这种说法，相关研究主要集中于长期照护保险、政府养老服务政策设计、养老服务项目执行及效果等方面。

1. 关于长期护理保险制度的研究

工业革命所引发的家庭结构核心化、妇女走向工作岗位等因素，又使得传统的家庭照料功能减弱。特别是随着人口老龄化的加深，老年人照护资源不足的现象不断加剧[5]，包括医疗保险在内的医疗服务制度承担着前所未有的压力[6]。有研究发现：人口老龄化造成美国、日本等发达国家的医疗费用大幅度增长，但老龄化面临的难题并不是

---

[1] 杨贞贞：《医养结合——中国社会养老服务筹资模式构建与实证研究》，北京大学出版社2016年版，第5—7页。

[2] 唐钧：《关于医养融合和长期照护服务的系统思考》，《党政研究》2016年第3期。

[3] 刘华：《关于上海推进"医养融合"的思考与建议》，《科学发展》2014年第5期。

[4] 崔炜：《国外养老服务业如何开展医养融合》，《中国社会报》2014年10月27日第7版。

[5] Jane Jenson and Stephane Jacobzone, "Care allowances for the frail elderly and their impact on women care-givers", *OECD Labour Market and Social Policy Occasional Papers*, No. 41, July 13, 2000.

[6] 唐钧：《长期照护保险：国际经验和模式选择》，《国家行政学院学报》2016年第5期。

医疗费用增加,而是护理费用的剧增。① 发达国家的经验说明,长期照护制度的缺失会使医疗保险和养老保险制度的财政出现赤字,给社会保障制度带来负面影响。② 因此,发达国家从20世纪80年代开始,便有针对性地将政策视野集中到"长期照护"方面的研究③。

学者们集中讨论了长期照护服务的内涵、筹资机制及模式。对于"照护服务"或"介护服务"与"临床护理"的区别,学界达成了较为一致的关于长期照护服务内容的共识,认为长期照护服务实际上是将非治疗性的护理和生活照料独立于医疗服务的一种体系,应该兼顾健康护理和生活照料。④ 发达国家为满足本国老年群体的长期照护需求,尝试了不同的筹资机制及模式,包括公共财政支付、不同程度的公共财政支付与私人支付相结合、养老保险与私人支付相结合等多种方式。美国采取商业保险运作模式推行长期照护保险制度,由雇主为雇员购买该保险,财源是保险费⑤;以英国、丹麦为代表的国家建立税收为基础的福利型筹资模式⑥;德国属于国家运营的社会保险型,财源是保险费;日本的财源同时来自保险费和税金,属于保险福利型⑦。不同国家对长期照护服务的人群也有不同的规定,其中普惠型的国家有北欧各国、日本、德国、比利时、韩国、卢森堡、荷兰等国;补缺型(即只有收入低于一定标准的失能者才能享受)的国家有美国、英国等国⑧。世界各国有各自不同的长期

---

① 杨燕绥、于淼:《人口老龄化对医疗保险基金的影响分析》,《中国社会保险》2014年第10期。
② 施巍巍:《发达国家老年人长期照护制度研究》,知识产权出版社2012年版,第12—15页。
③ 刘华:《关于上海推进"医养融合"的思考与建议》,《科学发展》2014年第5期。
④ 刘华:《关于上海推进"医养融合"的思考与建议》,《科学发展》2014年第5期。
⑤ J. Feder, H. L. Komisar & M. Niefeld, "Long-term care in the United States: an overview", *Health Aff (Millwood)*, 2000 (3), pp. 40 – 56.
⑥ M. Geraedts, G. V. Heller & C. A. Harrington, "Germany's Long-Term-Care Insurance: Putting a Social Insurance Model into Practice", *Milbank Quarterly*, 2000 (3), pp. 26 – 39.
⑦ 刘华:《关于上海推进"医养融合"的思考与建议》,《科学发展》2014年第5期。
⑧ 房莉杰、杨维:《长期照护筹资模式:OECD国家的经验与中国三城市的实践》,《社会发展研究》2016年第8期。

照护保险制度模式,"这种制度安排的差异性,既与其现实的社会经济发展的宏观环境关系密切,又受到其历史传统和文化背景的深刻影响";"人口结构老龄化、医疗服务体系的商业化和医疗保险制度的不健全,此三种因素成了长期照护服务发展的'催化剂'"。[①]

2. 关于英国整合照料的养老服务体系的研究

关于英国整合照料的养老服务体系的研究,学界主要从养老服务体系的建构目的、政策法规、作用、困境及应对策略展开研究。

学界普遍认为,英国的整合照料养老服务是一种旨在提高管理效率、实现碎片化服务整合的服务系统。英国政府先后出台了《国民健康服务法》《国家老年服务框架》《国民保健法》等多项法律,从法律层面规定了老年服务领域的执行标准和实施细则。[②] 养老机构与各级公立医院、诊所、社区医疗中心等组成该国医疗卫生服务系统的基本单位,被称为横向整合;而纵向整合是实现老年人健康服务从初级护理到专门护理再到持续照护的纵向深入。[③] 英国整合照护服务对国家公共财政依赖较少,主要由各级地方政府负责,通过财税进行筹资。[④] 以老年人需求评估为导向,是否免费使用整合照护服务需要通过第三方家计调查,只有收入低于相关标准的失能老年人才能享受公共筹资。[⑤] 研究发现,这种结构性整合能将零星散碎的养老服务沙盘转化成一个运行有序、步伐统一的示范性养老服务供给系统,能够降低急诊住院次数、节省医疗支出、提高医疗效率,但

[①] 唐钧:《长期照护保险:国际经验和模式选择》,《国家行政学院学报》2016年第5期。
[②] 崔炜:《国外养老服务业如何开展医养融合》,《中国社会报》2014年10月27日第7版。
[③] 黄金玲、郭启勇、裴冬梅:《我国医疗资源纵向整合的现状分析与对策研究》,《现代医院管理》2010年第5期。
[④] M. Karlsson, L. Mayhew, R. Plumb, et al., "Future costs for long-term care: Cost projections for long-term care for older people in the United Kingdom", *Health Polic*, Vol. 75, No. 2, January 2006.
[⑤] A. Comas-Herrera, R. Wittenberg, J. Costa-font, et al., "Future long-term care expenditure in Germany, Spain, Italy and the United Kingdom", *Ageing and Society*, Vol. 26, No. 2, February 2006.

这种机构性整合依然面临诸多困境，最主要的难题是医疗卫生系统的政策、管理模式有可能阻碍综合护理的有效开展，整合照料服务资金来源不够明晰、服务监管不到位及文化惯性的影响，还有医疗护理整合所涉及的人员、组织和团体未能实现很好的沟通和协作等。① 托马斯等的研究理念认为，社区照料项目具有广阔前景，问题在于现实操作中缺乏可持续方法，理论支撑度不足。② 而应对的策略主要有几方面：政府提供财税激励等政策支持；调动多方资源建立领导联盟框架；重新分配整合照料资金；明确界定服务群体及其享受的服务内容；筹建各类技术服务设施等。③

3. 关于美国养老服务的研究

关于美国养老服务的研究，学界主要对养老服务体系的构成、PACE（Program of All Inclusive Care for Elderly）项目的内容、资金来源及使用、运行机制及效果展开研究。

美国的养老服务体系比较完善，联邦政府出台了相关法律法规，各州也根据实际情况制定了相关政策，并且仍在不断改革和完善④，以建立长期、有效的医疗与照护模式⑤。社区医疗服务成为美国老年人养老服务的主流，源源不断的志愿者进入社区为老年人提供服务。⑥ 美国医疗保险暨医疗补助服务中心是众多养老机构的"顶头上司"，负责监管事关养老机构发展、运行的诸多事务，如资质认证、服务考核等，中心出台了专门的立法规范《综合预算协调法案》，从而规范养老机构的运营资格审查过程，而且为服务对象及第三方提供了评估

---

① 同春芬、王珊珊：《关于医养结合的研究综述》，《老龄科学研究》2016年第7期。
② 邓娟：《社区养老——新型养老模式的构建》，《当代经济》2010年第21期。
③ Reed J., Cook G., Childs S., et al., "A literature review to explore integrated care for older people", *International Journal of Integrated Care*, Vo. 15, No. 1, June 2005.
④ Lubitz J., Greenberg L., Gorina Y., et al., "Three decades of health care use by the elderly, 1965 – 1998", *Health Affairs*, Vol. 20, No. 2, September 2001.
⑤ Reardon G., Nelson W. W., Patel A. A., et al, "Prevalence of ateial fibrillation in US nursing homes: results from the National Nursing Home Survey, 1985 – 2004", Journal of the American Medical Directors Association, Vol. 13, No. 6, July 2012.
⑥ 骆华伟：《完善浙江省老年医疗健康保障模式的探讨》，《浙江医学》2006年第9期。

工具。美国的医养机构根据老年人的健康程度,安排其在生活院、照护所、康复院、临终关怀机构等养老,通常以养老服务项目的形式实现。[1] 老年人根据自身具体情况(健康、经济条件等),结合机构的服务水平和收费等级,选择适合自己需求的服务,满足了老年人多元化、多层次和个性化的养老需求。

美国的 PACE 项目是一个运营较为成熟的项目,是通过医疗保险进行筹资的社区日间医疗护理中心,主要为半失能的社区居家老年人提供医疗、护理、康复等服务项目,随着项目的发展与完善,也为社区居家老年人提供家庭护理访视、生活辅助护理等服务。[2] PACE 的资金主要来源于医疗保险和医疗救助,老年人不需要支付医疗费用,政府相关部门根据老年人的身体状况测算出每月的费用,并把相关经费划拨给 PACE 中心,由其统一支配。此外,中心还鼓励社会资本和慈善资金的进入,走福利性和产业化相结合的社会企业道路,从而拓宽了养老资源来源,更好地为老年人提供优质的医疗服务及生活照料服务,而不是通过减少服务项目、降低服务标准来节省医疗资源。[3] 服务团队是一个包括全科医生、护士、药剂师、理疗师、营养师、护理员、社会工作者以及其他管理和后勤人员的多学科工作团队,项目会以市场化方式通过"委托—代理"的方式购买公立医疗机构或营利性组织的医疗服务,代理人(机构)自行统筹资金、承担财务风险,代理人(机构)为了获得更多的市场份额,就必须提供更优质的服务和更合理的价格打败竞争对手获得中心购买的项目,这种运作方式不仅使中心摆脱了医疗资源有限的困境,而且为社会组织或企业提供

---

[1] 王玉芬:《探索医养结合模式的政策思考》,《开放导报》2016 年第 3 期。
[2] Pinka Chatterji, Nan R. Burstein, David Kidder, et al., *Evaluation of the Program of All-Inclusive Care for the Elderiy (PACE) Demonstration The Impact of PACE on Participant Outcomes*, Cambridge: Abt Associates Inc., 1998, pp. 15 – 17.
[3] 成秋娴、冯泽永:《美国 PACE 及其对我国社区医养结合的启示》,《医学与哲学》2015 年第 17 期。

了新的盈利点。① 学者们对 PACE 的运行机制及效果进行了评估，认为项目在提高医疗资源使用率、改善老年人身体功能、提高老年人生活满意度等方面都有显著的促进作用，但又因其服务侧重日间照料、受益人群不够广泛、经营风险较大、专业护理人才和健康管理人员短缺等原因而发展缓慢，亟须进一步发展和改善。②

4. 关于日本长期照护服务的研究

日本自 20 世纪 70 年代进入人口老龄化社会以来，国家采取了一系列措施较为有效地应对人口老龄化带来的养老问题。日本先后出台一系列法律法规，如《老年人福利法》《看护保险法》《社会福利及看护福利法》《老年人保健法》《高龄者保健福利推进十年战略》等③对养老服务进行规范引导。日本的养老组织多种多样，包括政府养老服务部门、养老机构、民间组织等④，养老组织对老年人身体状况进行分级评估，根据评估结果为老年人提供所需护理服务等级。日本养老服务引入市场竞争机制，国家鼓励社会资本进入养老服务市场，走一条服务主体多元化发展道路。⑤

日本养老服务体系最成功的经验就是自 2000 年 1 月 4 日起实施长期照护保险制度，学界对"长期照护保险"的内涵、发展现状、有效性、存在问题及改革方向展开了系统研究，并对长期照护保险的供需问题及对未来普及到社区长期照护的构想展开了重点研究。日本的长期照护保险是一种保险福利型模式，筹资模式是"保险+福利"，即公民开始缴纳保险费的年龄定在 40 岁，一半自筹，一半政府财政支付；保险对象是老年人，其他年龄段的即使有照护需要的社会

---

① 成秋娴、冯泽永：《美国 PACE 及其对我国社区医养结合的启示》，《医学与哲学》2015 年第 17 期。
② Laura. R. Gadsby, "B. A. PACE- Program of All-inclusive Care for the Elderly", *Age in Action*, Vol. 19, No. 4, April 2007.
③ 崔炜：《国外养老服务业如何开展医养融合》，《中国社会报》2014 年 10 月 27 日第 7 版。
④ 邓娟：《社区养老——新型养老模式的构建》，《当代经济》2010 年第 21 期。
⑤ 孙培航、焦明丽、吴群红等：《公共服务外包视角下民营医院参与医养结合模式的可行性分析》，《卫生软科学》2016 年第 1 期。

成员也不包括在内;当公民有需要时,保险直接报销照护服务费用,公民也可选择现金支付,支付金额为所接受服务费用的50%[①]。通过该制度的实施,老年人的照护责任从家庭转向了国家,照护方式由家庭转向了社会化[②],节约了医疗资源,节省了医疗费用,一方面满足了老年群体的卫生保健需求,提高了他们的生命质量;另一方面缓解了日本社会人口老龄化的问题。[③] 但有研究认为,长期照护保险可能存在两种风险,一是逆选择风险,二是道德风险,具有所谓的"挤出效应";为减少预期收入损失,人们更愿意在临近退休时购买长期介护保险;该制度面临的最严重问题是资金不足和护理人才缺乏,因此建议政府推动社区照护制度建设。[④]

总之,诚如有学者指出那样,虽然国外养老服务体系各有不同,但是存在一些共同的特点:"全方位保障机制是基础,多元化主体参与是动力,分级化服务体系是支撑,常态化评估机制是保障。"[⑤] 连续性、自立性、自主性被普遍认为是国外养老服务的三大原则,其中"连续性"原则特别重视老年生活的人文关怀,希望其落叶归根,在自己长期居住的社区安度晚年;"自立性"原则强调培养老年人的自理能力,将身体机能康复定位为首要任务;"自主性"原则强调应该由老年人自己来选择和决定需要什么服务、由谁提供服务、在什么地方接受服务等。[⑥] 这三大原则与世界卫生组织倡导的"健康老龄化""积极老龄化"是高度一致的,应该积极贯彻在养老服务体系的建设当中。

[①] 唐钧:《长期照护保险:国际经验和模式选择》,《国家行政学院学报》2016年第5期。
[②] Ozawa. M. N. and Nakayama. S., "Long-term care insurance in Japan", *Journal of Aging & Social Policy*, Vol. 61. No. 3, March 2005.
[③] 郭晓宏:《风险管理与日本高龄者医疗制度改革》,《中国老年学》2004年第2期。
[④] J. C. Campbell, N. Ikegami and M. J. Gibson, "Lessons From Public Long-Term Care Insurance In Germany And Japan", *Health Affairs*, Vol. 29, No. 1, August 2010.
[⑤] 崔炜:《国外养老服务业如何开展医养融合》,《中国社会报》2014年10月27日第7版。
[⑥] 唐钧:《长期照护保险:国际经验和模式选择》,《国家行政学院学报》2016年第5期。

(二) 国内相关研究

国内有关城市医养融合的理论研究是随着实践的不断发展而逐步兴起的。郭东等人于2005年首先提出"医养结合"概念，认为"医养结合"使老年人能够在同一机构中得到良好的生活照顾、健康监护、疾病治疗甚至临终关怀，取得经济效益和社会效益的双赢。[①] 此后多年，这个主题仅在有关机构养老、社区养老等文献中被提及，基本没有专门性的研究。随着人口老龄化的加速发展，自2009年起，学界对医养融合关注度有了较大提高，但主要是以介绍各地城市医养融合的做法与经验为主，尚未上升到理论研究层面。[②] 2013年之后，由于政策倡导和实践探索双向发力推动，有关医养融合的研究逐渐增多，研究内容也有了较大的突破，学界针对医养融合的创新意义、内涵、模式、困境、政策选择等进行了积极探索，研究水平迈上了一个新的台阶。

1. 关于医养融合概念及必要性研究

关于医养融合的内涵，研究的分歧主要在"医"与"养"孰轻孰重的问题上。很多研究者如吴玉韶等认为医养融合是一种医疗资源融入养老领域，以养为主、以医为辅的健康养老模式；还有部分研究者如王素英等强调医养融合是一种以医为主、以养为辅的健康养老模式；还有学者如董红亚认为，对老年人而言，都需要医疗及养老服务，但这里所谓的"医"与医院治疗的"医"不同，后者的主要目标是治愈，而前者的主要目标是健康管理和长期照护。[③] 可见，不管侧重点在"医"或"养"，学者们都赞同把医疗服务和养老服务结合起来，以满足老年人医养一体化需求。但笔者认为，医养融合服务不应该泛化，重症及难度大的医疗服务还是应该交给综合或专科医院，

[①] 郭冬、李惠优、李绪贤等：《医养结合服务老年人的可行性探讨》，《国际医药卫生导报》2005年第21期。

[②] 刘芬芬、陈宇：《医养融合养老服务研究综述》，《经济与社会发展》2015年第12期。

[③] 董红亚：《养老服务视角下医养结合内涵与发展路径》，《中州学刊》2018年第1期。

医养融合服务更应该侧重"养","医"是为更好地"养",医养融合的"医"主要是急性抢救、健康管理和长期照护。

面对人口老龄化带来的养老问题,已有研究对医养融合的必要性和现实意义给予了充分的肯定,刘华、黄佳豪、符美玲、耿爱生等一致认为随着人口老龄化的加速发展,老年人尤其是失能半失能老年人越来越迫切地需要医养一体化服务;传统的养老机构无法满足老年人的医疗需求,而医疗机构无法满足老年人的养老需求,因此需要医养融合服务来整合医疗服务和养老服务;医养融合可以有效地整合医疗资源和养老资源,提高资源使用效率,是对新医改要求深化医疗卫生体制改革及新时代新型养老服务体系建设的积极回应,大大缓解了老年人在医院"压床"而导致医疗卫生资源使用不公平的现象。因此,医养融合既必要又具有重要的现实意义。

2. 关于医养融合模式的研究

有关医养融合的研究,医养融合模式的研究占了很大比例。研究者对医养融合模式的不同形式展开了具体分析,重点讨论了不同形式下医养融合模式的优缺点。

根据医养融合的服务提供方式来划分,王素英等认为主要存在三种模式:整合照料(内设)模式、联合运行(合作)模式和支撑辐射(输出)模式。整合照料模式是通过在养老机构内设医疗机构、医疗机构内设养老科室转型为医养融合机构,以使优质医疗资源进入养老领域实现医疗资源和养老资源的整合。联合运行模式是通过医疗机构和养老机构的合作,使老年人在医疗机构和养老机构之间的疾病诊治、康复、护理、日常生活照料能够实现无缝对接。支撑辐射模式是医疗机构或社区卫生服务中心与社区日间照料中心或社区养老机构进行合作,为居家老年人提供日常生活照料和医疗护理等服务。部分学者如刘华、米红、穆光宗、黄佳豪等划分更细,认为有合作模式、内设模式、转化模式、输出模式。这些模式分类的名称不同,但都是从运营主体及合作方式的选择展开研究。部分学者不考虑社区医养融合,因此不讨论支撑辐射(输出)模式;部分学者把整合照料(内设）模式和联合运行（合作）模式的结合称为医养融合网络模式；部分学者把整合照料（内设）模式分为内设模式和转化模式，内设模式包括养老机构内设医疗机构、医疗机构内设养老科室两种形式，转化模式是将医院转化为老年护理医院、医养融合养老机构等。

刘清发等运用嵌入性理论把医养融合模式分为科层组织模式、契约模式和网络模式。"医养结合科层组织模式指医疗机构或养老机构通过横向或纵向一体化的发展，在机构内部建立养老科室或医疗科室，实现医疗服务和养老服务内部化，提供医疗、护理、托老、康复、保健等全方位老年人服务的模式；医养结合契约模式是指医疗机构与养老机构借助社会关系的纽带作用，通过市场契约或签订合作共建协议，优化利用彼此拥有的医疗和社会服务资源，整合医疗和养老服务，共同满足老年人医疗养老服务要求的模式；医养结合网络模式是医养结合契约模式和医养结合科层组织模式的联合体，指某一区域内的医疗机构和养老机构结合自身在社会网络中所处的位置和拥有的差异性资源，结成利益共同体的协同关系，或签订契约，或设立医疗科室（养老科室），实现医疗和养老资源区域联合与合理配置的模式。"[①]

学者们对不同模式的运作方式、适用环境、优缺点等进行了比较性实证研究。认为整合照料（内设）模式、科层组织模式适合较有经济实力或大型的养老机构、医疗机构，联合运行（合作）模式、契约模式适合中小型的养老机构、医疗机构，支撑辐射（输出）模式、网络模式适合大型医疗机构和小规模养老机构的合作。不同模式都一定程度实现了医疗资源和养老资源的融合，不同程度地满足了老年人的医养一体化需求，缓解了"医院养不了老"和"养老院看不了病"的现象。但不同模式在运营过程中出现了不同的困难，在整合照料（内设）模式当中，养老机构内设医疗机构成本较高、很难获

[①] 刘清发、孙瑞玲：《嵌入性视角下的医养结合养老模式初探》，《西北人口》2014年第6期。

得医疗身份及纳入医保定点单位、缺乏老年医疗护理的专业人才、医疗风险高、医疗服务项目和养老服务项目界定不清而容易造成老年人"揩油"基本医保的违规现象；医疗机构内设养老科室或转型为医养融合机构得不到国家任何补贴，导致医疗机构积极性不高，且医疗机构内设养老科室往往注重提供医疗服务而容易忽视生活照料和精神慰藉。联合运行（合作）模式由于合作机制及利益协调机制不健全，机构之间的衔接、合作不够顺畅，没有将已有的医疗资源与养老资源高效利用起来，很难满足老年人对高质量医疗服务的需求，合作方容易随意退出合作，模式的持续性面临挑战。支撑辐射（输出）模式一般是医疗条件欠优的医疗机构与社区养老服务中心合作为社区居家老年人提供服务，很难满足老年人对医疗、护理、康复等多方面的需求，而且由于基层医疗资源有限，这种服务还相对较少。

3. 关于医养融合困境的研究

随着各地医养融合实践的深入，其发展困境也逐渐出现并引起了学界的重视。睢党臣、彭庆超等人认为，从政策效果上看，医疗资源和养老资源相互阻隔，难以做到互惠互利、优势互补，医养融合面临诸多发展困境。"现有研究主要是从内外两方面的困境进行阐述：内部困境包括医护人员的紧缺、专业性不足、自我发展能力有限以及服务层次尚待提升等方面；外部制约因素包括缺乏配套政策、医保报销不能实现、养老服务保障体系功能分层和衔接不完善、多方协作效果不明显、资金投入不足、多头管理、社会力量参与不足、评估体系缺失等问题。"[①] 赵晓芳等人认为医养融合的制约因素包括四方面："理念制约，即现阶段医养融合依循的逻辑基础是补救型，以养老和医疗机构的经济利益为驱动；政策制约，即存在医疗保险制度报销的限制；制度制约，主要体现在公办养老机构服务对象出现偏离，而民办养老机构发展面临诸多障碍；人才制约，专业的医护人员不足。"[②]

---

① 刘芬芬、陈宇：《医养融合养老服务研究综述》，《经济与社会发展》2015年第12期。
② 参见刘芬芬、陈宇《医养融合养老服务研究综述》，《经济与社会发展》2015年第12期。

总体而言，一般认为医养融合发展困境是由于合作框架、合作方式的相关制度设计不到位，在很大程度上是制度供给的不足导致了医养融合的发展困境。

4. 关于医养融合发展对策的研究

关于医养融合的发展对策，学界将对化解医养融合发展困境的探讨落在具体的制度创新和规则建构上。[①] 赵晓芳、耿爱生、米红认为"医养融合模式的推进需要从理念、政策、制度及人才四个方面为其提供战略支撑"，同时也需要社会氛围、制度体系、组织保障三方面的支撑。[②③] 在国家政策方面，米红等认为国家应出台相应政策使医养融合相关部门明确责任、互相合作、协调统一，在土地使用、税费优惠、消防、医保报销、建设补贴、运营补贴等方面出台配套的支撑政策。在资金支持方面，黄佳豪等认为可以通过多种融资渠道、吸引多种社会资本投入、国家专项基金支持、医疗保险基金部分划拨等方式解决；刘华、黄佳豪、王胤添、佘瑞芳、钱红祥等认为应该通过税费优惠和补贴、提高床位建设补贴和运营经费补助标准等多种途径进行支持。在制度建设方面，刘华认为要将关注点放在养老行业标准制定上，完善三个标准，即分类分级管理标准、健康评估标准、服务标准。[④] 米红等认为，在人才队伍建设方面，要为医养融合机构的各类人才设计相应的职业生涯规划，人才能够实现合理流动；刘华、钱红祥等认为应该提高专业护工的社会地位和待遇，应鼓励和支持高等院校、职业院校开设与养老服务相关的专业，培养一大批专业人才，并进行养老服务的相关研究。

还有一些学者如党俊武、李杰、何素彩、宋惠平、冯丹、张勘、董伟等认为，目前我国的医养融合模式不能满足老年群体的需求，应

---

① 陈宇：《医养融合的内在冲突及其制度化途径》，《学术论坛》2017年第2期。

② 赵晓芳：《健康老龄化背景下"医养结合"养老服务模式研究》，《兰州学刊》2014年第9期。

③ 耿爱生：《养老模式的变革取向："医养结合"及其实现》，《贵州社会科学》2015年第9期。

④ 刘华：《"医养融合"重在融合现有资源》，《东方早报》2014年4月1日第3版。

对人口老龄化的关键在于建立长期照护体系,将长期照护体系作为未来满足老年人医养一体化需求的根本出路[1],应当建立独立于医疗保险的长期照护保险[2]。荆涛、周琛、蒋虹、王杰、戴卫东、杨贞贞等认为,长期照护保险制度的发展路径主要有两种:一是分阶段或多模式相结合,由于我国经济发展水平还不高,宜先用商业保险的形式给经济条件允许的老年人提供长期护理保险,再适时推行福利性质的长期护理保险制度,两者可能有一个并存阶段;二是分群体推进,由于我国城乡地区经济发展不平衡,以及不同群体经济收入不一样,因此长期护理保险制度要针对城市与农村做出调整,以适应不同地域对象的需求。施巍巍、杨贞贞将筹资体系作为长期照护政策研究的焦点,通过分析西方发达国家老年人长期照护制度的起源、形成、特点及主要筹资模式,与我国试点地区青岛市长期护理保险进行对比,提出"城镇基本医疗保险统筹基金划拨支付与个人缴费相结合"的筹资模式在结构上优化了医疗保险基金分配,个人缴费效果显著,缓解了当前医疗需求和养老需求剧增的巨大压力。[3][4]

(三)简要评述

从对国外有关研究的介绍中可以清楚看到,虽然我国城市医养融合与西方发达国家的老年人长期护理制度具有一些相似之处,但差异更加明显,因而相关研究的基本视角和主要内容也存在很大的差异。西方发达国家的研究主要聚焦于老年人长期护理保险制度的筹资机制和运作模式、政府养老服务政策、项目执行及效果等方面,而福利国

---

[1] 党俊武:《长期照护体系是应对未来失能老人危机的根本出路》,《人口与发展》2009年第4期。
[2] 张勘、董伟:《上海城市社区失能老人长期照料的现况和政策建议》,《中国卫生政策研究》2009年第9期。
[3] 施巍巍:《发达国家老年人长期照护制度研究》,知识产权出版社2012年版,第131—138页。
[4] 杨贞贞:《医养结合——中国社会养老服务筹资模式构建与实证研究》,北京大学出版社2016年版,第56—59页。

家理论则为这些研究提供了基本的理论支撑。不可否认，西方发达国家的有关实践及研究成果对我国具有相当大的借鉴意义，但历史文化传统、社会制度、社会规模、社会结构、发展阶段等方面的巨大差异，决定了我们不能采取"拿来主义"的态度，只能立足国情开展扎扎实实的研究，推动有中国特色的城市医养融合的发展。

国内研究方面，近年来确实取得较大的发展：从医养融合概念的提出到必要性、迫切性的讨论，再到融合模式、发展困境与对策的思考，仅仅用了短短十余年的时间。这些研究不仅逐步引导社会各界对城市医养融合现象的关注，而且也为人们正确认识这一现象提供了不少一般性的知识和专门化的理论，同时还为城市医养融合实践的发展提供了一些有益的建议和对策，包括助力政策的出台与调整、为医养融合机构把脉问诊等等。从学术演进的角度上看，这些研究及其成果也为后来者提供了良好的基础。但应该看到，目前国内研究仍存在很多不足，主要表现在以下三个方面。

一是统观医养融合的既有研究，大都倾向于把医养融合看成一种理所应当的现象，因而也把实施医养融合机构的组合与模式变迁称为一种自然而言的现象，进而把医养融合发展过程中存在的问题归结为内部管理和制度供给两方面的问题，致使相关研究多偏向于具体的对策讨论。这本来也无可厚非；问题是，如果不对医养融合模式演变的逻辑进行系统而清晰的解释，就难以把握有关现象的发展规律，更难以提出有效的对策。

二是研究层次的两极化问题。这个问题本质上是理论与实践相脱节的问题。具体说，现有研究的选题通常不是过于宏观就是过于微观，二者之间也缺乏有机连带关系。此外，理论研究不仅存在原则性有余、系统性不足的问题，而且研究主题分化水平也不高；具体研究则存在缺乏严格的理论支撑，研究主题散乱，政策、措施针对性不强等问题。

三是研究内容同质化程度较高。这个问题实际上是研究主题分化不足的必然结果。本来不同学者研究同一领域、同一问题甚至相似内容无可厚非，但如果按国内现在的研究状况作一个客观评判，笔者认为这种情形往往导致研究成果趋同化，当然不利于研究水平的提高。

实际上，城市医养融合是一种内容十分复杂、牵涉面非常广的现象，与法学、经济学、社会学、医学、社会保障学等关系尤为密切，因此既应该鼓励不同学科从不同角度进行研究，也应该支持跨学科合作研究。由于城市医养融合的核心问题是不同部门、组织的合作问题，所以本书拟运用社会学的基础理论，从组织社会学的角度进行探讨。

三 核心概念、理论视角及研究方法

（一）核心概念

1. 医养融合

关于医养融合的内涵，人们的看法不尽相同。很多研究者如吴玉韶（2015）等认为医养融合是一种医疗资源融入养老领域，以养为主、以医为辅的健康养老模式；也有部分研究者如王素英（2013）等强调医养融合是一种以医为主、以养为辅的健康养老模式。可见二者都试图把医疗服务和养老服务结合起来，分歧主要在"医"与"养"孰轻孰重的问题上。也有人认为，对老年人而言，都需要医疗及养老服务，但这里所谓的"医"与医院治疗的"医"不同，后者的主要目标是治愈，而前者的主要目标是健康管理和长期照护。[1] 综合以上观点，本书认为医养融合是一种把医疗资源和养老资源整合起来，形成集健康管理和日常照护为一体的新型养老模式，主要内容包括为老年人提供日常生活照料、健康管理、突发疾病应急处置、治疗期住院、康复期护理、稳定期生活照料以及临终关怀等方面。从目前来看，医养融合的服务对象主要是一些特殊老年群体；但从长远来看，它将发展成为一种由全部城市老年人口共享的普惠化的社会服务。

---

[1] 董红亚：《养老服务视角下医养结合内涵与发展路径》，《中州学刊》2018年第1期。

2. 医养融合模式

很多从事相关研究的学者都提及"医养融合模式"这个概念，一般都是从医养融合机构的运营主体、合作方式、服务方式等维度进行分类，由此有的学者将这些机构区分为整合照料模式、联合运行模式和支撑辐射模式，而有的学者则将其分为合作模式、内设模式、转化模式、输出模式（王素英，2013；刘华，2014；米红，2014；穆光宗，2014；黄佳豪，2014）；也有学者（刘清发，2014）基于嵌入性理论将其分为医养融合科层组织模式、契约模式和网络模式。虽然这些分类都相当清晰，但重心游移不定。为研究方便，本书把所谓"医养融合模式"定义为医养融合机构的具体运作方式，重点关注这种机构的关系结构及其变迁。

3. 实践主体

实践主体也即行动者，通常指处在一定社会情境下从事实践活动的个人，但也可以指在一定情境下、为实现一定目标而开展活动的群体、组织、社区、国家及其相应成员。在我国城市医养融合实践过程中，实践主体即医养融合实践的参与者，因而也可以称之为参与主体，它既包括医养融合机构及其成员，也包括国家、地方政府有关部门、组织、社区和作为消费者的老年群体等。虽然这些主体参与医养融合场域的行动，可是各自的角色、地位不同，因而尽管"各个场域都是关系的系统"[①]，"每一个场域都拥有各自特定的利益形式和特定的幻想，场域创造并维持着它们"[②]，但由于规则和价值观等方面的差异，不同主体的行动逻辑也不同，从而造成彼此之间的冲突矛盾。

4. 行动逻辑

关于行动逻辑的概念，人们理解的角度颇为不同。有人认为行动逻辑是实践主体行动的原则和规律，如费孝通先生认为"农民的行动

---

① 毕天云：《布迪厄的"场域—惯习"论》，《学术探索》2004年第1期。
② ［法］皮埃尔·布迪厄、［美］华康德：《实践与反思——反思社会学导引》，李猛、李康译，中央编译出版社2004年版，第52—57页。

逻辑就是指农民行动所遵循的原则和规律"①。有人则认为行动逻辑就是行动特征，如韩志明就是从这个角度对街头官僚的行动特点进行描述。② 有人认为行动逻辑就是行动过程，如陈发桂认为基层维稳社会化运行机制的逻辑是多元共治、协同化的治理过程。③ 还有人认为，行动逻辑就是行动目标，如陈立周认为居委会的行动逻辑就是追求"行政合法性"和"社会合法性"。综合以上观点，笔者认为行动逻辑是指行动者基于某种价值观，为实现特定目标而采取的原则和策略。从中可见，不同主体的行动逻辑既有相同或相似的可能，但更不排除不同的可能。事实上，主体的行动逻辑受到很多主客观因素的影响，因而也不是一成不变的。

（二）理论视角

严格地说，本书选取两种理论视角展开分析，即新制度主义和结构—功能主义。其中，贯穿全文的主线是新制度主义学派的基本观点，而辅线则是结构—功能主义学派的主要观点。

1. 新制度主义的基本观点

组织社会学中的新制度主义学派的代表性人物是美国社会学家迈耶（John Meyer）。他在研究美国教育制度时发现，教育是各州政府的责任，因而相应权力也归属各州政府。在这种情况下，各州教育体制按理应该存在较大的差异，但实际情况恰恰相反。他通过进一步的观察发现，许多不同的组织有着相似的制度和结构，即所谓"趋同化"现象。之所以出现"趋同化"现象，他认为是"因为所有组织都要面对两种不同的环境，即技术环境和制度环境，前者是指一个组织对资源的依赖程度以及与其他组织的市场关系，后者是指一个组织所处的法律制度、文化期待、社会规范、观念制度等为人们所广为接

---

① 费孝通：《乡土中国》，中华书局2013年版，第101—105页。
② 韩志明：《街头官僚的行动逻辑与责任控制》，《公共管理学报》2008年第1期。
③ 陈发桂：《基层维稳社会化运行机制的逻辑》，《山东财经学院学报》2011年第3期。

受的社会事实"①。这两种环境对组织要求不同：前者要求组织追求效率，后者则要求组织追求"合法性"——不断接受和采纳外界公认或赞许的形式、做法，否则就会导致"合法性"危机，对组织今后的发展造成极大困难。他指出，组织对技术环境的适应往往导致对制度环境的忽视，而对制度环境的适应又常常会影响组织的效率。② 这种矛盾冲突与组织的相应对策导致了林林总总的组织现象，因而组织不仅是技术环境的产物，而且也是制度环境的产物。自迈耶以来，"合法性"一直是新制度主义最核心的概念，它既包括法律制度的作用，也包括文化制度、观念制度、社会期待等制度环境对组织行为的影响；而"合法性机制"就是指那些诱使或迫使组织采纳具有合法性的组织结构和行为的观念力量。

我国城市医养融合的基本载体是医疗机构、养老机构或二者的联合体。当然也不排除另外一些可能，例如社会资本以并购或参股等形式参与医养融合机构的运作，但目前比较罕见。无论何种情形，我们均可以将医养融合机构看成一个组织。作为组织，它始终都要面对技术环境和制度环境的双重压力，它的一切现象——包括具体运作模式的演变——都是应对这两种环境压力的结果。正是基于这种认识，本书才将新制度主义学派的基本观点当作贯穿全书的理论依据。

2. 结构—功能主义的主要观点

结构—功能主义学派的代表性人物是美国社会学家帕森斯（T. Parsons）和默顿（R. K. Merton）。帕森斯把社会系统当作行动系统的一个子系统，侧重分析社会系统的结构及其与其他系统的关系。他认为社会系统是由在一定情境下进行互动的个体构成的一种系统，其中规范和价值观的地位突出，而社会地位则对角色行为具有决定性作用。在此基础上，他提出了著名的功能分析框架 AGIL 模式。他认为行动系统由行为有机体系统、人格系统、社会系统和文化系统等四

---

① 周雪光：《组织社会学十讲》，社会科学文献出版社 2003 年版，第 72—77 页。
② 参见周雪光《组织社会学十讲》，社会科学文献出版社 2003 年版。

个子系统构成,这些子系统相互依存、相互影响,各自执行不同的功能,共同维持整个系统的运行。其中,行动有机体系统具有适应功能(A),人格系统具有目标获取功能(G),社会系统具有整合功能(I),文化系统具有模式维持功能(L)。[1] 他还认为社会系统各组成部分的均衡是社会的常态,冲突只是一种反常现象。与帕森斯重视宏大理论不同,默顿极力倡导中层理论并提出一套功能分析范式,其中关于正功能、负功能、显功能、潜功能的划分以及强调要充分考虑功能与结构相关性的思路,在相当大程度上弥补了传统功能理论的不足。[2] 事实上,从20世纪50年代以来,结构—功能主义不仅被公认为经典的社会学理论之一,而且作为一种主要的社会学分析方法被广泛地运用于各个社会领域的研究中。

正像前文提到那样,无论我国城市医养融合机构的组合形式如何,都可以把它看成是一种组织,因而自然也是社会系统的一个重要组成部分。特别是城市医养融合机构的具体运作模式从内部延伸型向外部协作型演变之后,多元主体的介入使它实际上变成一个组织联盟或联合组织,而且每个参与主体在性质、目标、地位和作用等方面又存在很大的差异,承受着许多不同的压力,从而形成了比延伸模式复杂得多的行动系统,进而使一致性行动存在深刻的困难。因此,对医养融合机构而言,必须把不同参与主体整合为一个结构合理、功能完备的有机系统,以便有效应对技术环境和制度环境的压力。而要达到这种目标,就应该借助结构—功能主义的基本理论和方法对医养融合机构的结构和功能进行审视,这也正是本书将结构—功能主义当作辅助理论依据的缘由。

(三)研究方法

本书拟采用实地研究法,对城市医养融合机构及其具体运作模式

---

[1] 贾春增:《外国社会学史》(第三版),中国人民大学出版社2008年版,第191—193页。
[2] [美]罗伯特·K.默顿:《社会理论和社会结构》(增订本),唐少杰、齐心等译,译林出版社2015年版,第15—19页。

展开深入分析。由于是质性研究，所以主要通过参与观察和非结构访谈的方法收集资料，并通过对这些资料的定性分析来理解和解释医养融合多元参与主体的行动目标、行动逻辑及合作困境。

本书选取了广西重阳老年公寓、桂林夕阳红养老中心、北海市海合老年公寓作为调查对象。其中，广西重阳老年公寓位于首府南宁，桂林夕阳红养老中心位于国际旅游城市桂林，北海市海合老年公寓位于滨海城市北海。这三家养老机构是广西最早一批开展医养融合实践的养老机构，其实践探索经验曾得到全国老龄办、自治区民政厅等相关部门的肯定，部分学者也对其展开研究并取得一些成果，因而具有一定的典型性。

从2012年起，笔者每年均参与广西壮族自治区民政政策课题研究，通过课题研究与这三家机构的管理者、工作人员、老年人及其主管部门管理者建立了良好的合作关系，并一直保持密切往来，所以决定选择它们作为调查对象。为了提高观测的信度与效度，在资料收集过程中运用了"三角校正法"[①]。通过对政府相关部门负责人及南宁、桂林、北海三个城市的养老机构的院长、管理人员、医护人员、入住老年人及其家属等多主体的相互印证而获得比较准确、系统的信息。在正式调查之前，笔者作了一些必要的探索性研究，主要是在2013年9月15日组织了一次座谈会，座谈人员主要包括民政厅干部、卫计委（现卫健委，下同）干部、广西民政政策研究中心干部、广西社会福利服务中心干部、广西老年基金会干部、南宁市民政局干部、6家（广西重阳老年公寓、桂林夕阳红养老中心、北海市海合老年公寓、广西医大仁爱护养中心、南宁市社会福利院、柳州市柳北胜利老年公寓）养老机构管理人员、3名高校教师组成。座谈会上，民政厅、卫计委和民政局干部对广西医养融合制度的设计初衷、目标、未来发展方向作了介绍，广西民政政策研究中心干部、广西社会福利服

---

① ［美］麦可斯威尔：《质性研究设计》，陈浪译，中国轻工业出版社2008年版，第17—19页。

务中心干部、广西老年基金会干部对广西医养融合的总体情况作了介绍，养老机构管理人员对各自医养融合发展现状、运行困境作了说明。根据座谈情况和文献查询结果，笔者制订了半结构式访谈提纲，并在多方征求意见后作了修改，然后按计划开展调查。笔者主要根据"关键性"指标选择访谈对象。"关键性"指标主要选择医养融合的多元参与主体当中的每一类型负责人或领导作为访谈对象，主要包括民政厅、卫计委、人社厅、福利中心、老年基金会、民政局、人社局、卫计委的分管领导或福利处（科）负责人，各养老机构的院长或副院长、主要管理干部、工作年限较长的医护人员，以及养老机构入住年限较长且思维清晰、善于表达的男性、女性老年人代表及其家属代表，共访谈52人。访谈过程中全程录音，整理后获得5万多字的访谈资料。此外，笔者多次到选定的三家养老机构观察医养融合的一些操作过程及调查老年人对医养融合服务的满意度。

对于收集整理好的资料，笔者主要以个案描述分析为基础，重点进行横向分析和纵向分析，横向分析主要是对城市医养融合不同运作模式的特点、功能等进行比较；纵向分析主要是对城市医养融合机构及其具体运作模式的演变进行研究。

四 研究思路及结构

（一）研究思路

本书的研究对象是医养融合机构，主题是探讨我国医养融合不同参与主体的行动逻辑及其调适策略，主要是在对已有研究进行比较梳理的基础上，通过对有关政策文件的解读和广西三家典型机构的考察，着重分析城市医养融合不同参与主体的行动逻辑及其影响，揭示城市医养融合实践主体的关系结构及其合作困境，进而基于对现有两种典型模式的比较，讨论城市医养融合"制度化合作"的实现条件和调试策略。

（二）本书结构

本书主要由导论、正文、结语与讨论三大部分组成，内容结构安排如下。

导论提出在社会急剧转型和人口老龄化加速发展的背景下，养老问题特别是城市养老问题成为一个急需在理论上加以澄清、在实践上加以解决的问题。鉴于目前相关研究成果较少、理论抽象水平和系统化程度有待提高的状况，本书拟从新制度主义理论和结构功能主义理论的视角对城市医养融合机构及其具体运作模式进行考察，首先按照不同参与主体的行动逻辑搭建一个初步的分析框架，然后通过对广西三家有代表性机构的调查，介绍当前医养融合两种典型运作模式的形成过程并对它们的特点进行比较，阐明医养融合具体运作模式由延伸模式向协作模式转变的原因，进而围绕协作模式讨论了不同实践主体的关系结构及其合作困境，同时探讨了保障不同主体稳定、有序协作的必要性和可能性，在此基础上提出城市医养融合机构"制度化合作"模式的概念及其实现条件，最后针对实践过程中存在的问题提出相应的调适策略。

第二章为"城市医养融合参与主体的不同行动逻辑及其整合机制"。通过对我国城市医养融合发展历程，特别是医养融合机构具体运作模式演变的考察，以新制度主义理论为主、结构—功能主义理论为辅，按照理想类型的方法，从相对复杂、彼此交织的医养融合不同参与主体的互动过程中抽离出关键主体的行动逻辑，并具体地讨论国家调控的逻辑及其特点、科层管理的逻辑及其要求、组织合作的逻辑及其条件以及消费偏好的逻辑及其效应。进而借鉴结构功能理论，把城市医养融合现象及其载体的发展演变视为一个有机联系的系统，从系统整体性的维度阐述不同主体的不同行动逻辑在实践场域中如何交织并耦合，也即保障医养融合体系稳定、有序和高效运作的机制——包括动力机制、整合机制、保障机制、激励机制——从而搭建一个基本的理论解释框架。

第三章为"广西城市医养融合机构的发展及其典型运作方式"。

第一章　导论

在介绍广西城市医养融合机构发展的宏观背景、微观基础、基本脉络的基础上，归纳广西城市医养融合机构的基本特征及其存在的问题，然后从结构—功能主义的角度考察全区城市医养机构两种典型运作模式，即基于组织功能内生的延伸模式和基于组织关系互嵌的协作模式，重点从正反功能及显隐功能对两种模式的效率、可持续性、稳定性、合法性等方面进行比较，试图从中发现，尽管实践中两种模式并存的格局并没有发生根本性的改变，但由于协作模式在效率、可持续性、稳定性、合法性等方面比延伸模式更有优势，所以现有采纳延伸模式的机构也在逐渐向协作模式转变。

第四章为"广西城市医养融合参与主体的行动目标及其合作困境"。通过对广西城市医养融合不同参与主体行动目标的分析，探讨不同主体的互动关系及其特点，进而考察他们之间的合作困境。一般来说，地方政府以疏导当前压力和探索长效机制为主要目标，医养机构以保障主体功能和协调多维关系为主要目标，城市社区以承接养老服务和构建医养融合载体为主要目标，老年群体以改善养老体验和控制养老成本为主要目标。这种差异使各行为主体的行动逻辑不同，进而使参与主体之间，尤其是政府与医养机构之间、医疗机构和养老机构之间、医养机构和城市社区之间以及医养机构和老年人口的互动关系也不尽相同并导致一系列的合作困境，主要包括竞争困境、协同困境、专业化困境和合法性困境。

第五章为"城市医养融合机构'制度化合作'的实现条件和调适策略。重点解释城市医养融合机构"制度化合作"的基本内涵，从理想类型的角度看，"制度化"的医养融合模式包括三层含义，即政策规范清晰完整、组织行为稳定有序、社会价值取向一致。从原则上讲，要推动城市医养融合"制度化合作"模式的发展，就必须创造一系列社会条件，主要包括参与主体理念目标一致、组织结构互嵌、合作方式规范、资源网络互补、利益分配均衡。在当前情况下，比较可行的干预策略是以医养融合的制度化合作为发展目标，以医养融合模式演变的四种关键机制为支撑，进行城市医养融合公益属性与营利导向之间的调适、政府引导和市场主导之间的调适、制度环境与文化观念之间的调适、医疗机构与养老机构的角色调适，使之既能基本契合于未来发展方向，又能有效地破解医养融合协作模式的困境。

结论与讨论章简单归纳全书的基本观点，指出本书的主要局限，展望未来的研究趋势。

五　研究重点和难点

（一）研究重点

1. 阐析城市医养融合参与主体的不同行动逻辑，阐明城市医养融合机构长效运行的机制。

2. 厘清城市医养融合不同参与主体之间的多维互动关系，找出它们之间的合作困境。

3. 对城市医养融合机构及其具体运作模式的发展趋势做出理性判断，从理论上分析制度化合作的实现条件，并针对实践过程中存在的问题提出相应的调适策略。

（二）研究难点

1. 城市医养融合是一个多主体参与的过程，这些参与主体在医养融合体系中的地位、角色不同，追求的目标与所承受的环境压力不同，因而行动逻辑也各不相同。从非常复杂、彼此交织的医养融合参与主体的互动过程中抽离出不同主体的行动逻辑并进行合理分析便是本书一个难点。

2. 由于医养融合协作模式是一个多元主体的行动过程，又由于行动逻辑各不相同，导致多元主体的关系结构非常复杂，进而产生诸多合作困境。找准多元参与主体的合作困境，并对城市医养融合机构运作模式的发展趋势做出恰当的判断，提出有效的调适策略就是本书的另一个难点。这不仅体现出一定的理论意义，也有可能促进实践领域的创新发展。

第二章 城市医养融合参与主体的不同行动逻辑及其整合机制

诚如笔者在导论中指出的那样,近年来我国城市医养融合机构的兴起很大程度上是对"医养分割"现状的一种积极回应。由于医疗机构、养老机构等基层社会组织的积极探索和国家、地方政府的持续推动,城市医养融合机构及其运作模式在不到十年的时间里发生了深刻的变化。尤其是具体运作模式,已从最初的内部延伸模式迅速向外部协作模式演化。但目前学界大都倾向于把医养融合看成一种理所应当的现象,因而把实施医养融合机构的组织与运作模式及其变迁也看成一种自然而然的现象,进而把医养融合发展过程中存在的问题基本归结为内部管理和制度供给两方面的问题,致使相关研究多偏向于对策讨论。这本来也无可厚非;问题是,如果不从医养融合参与主体的不同行动逻辑入手,对医养融合机构及其运作模式的演变进行一个比较系统而清晰的解释,就难以把握有关现象的发展规律,更难以提出有效的对策。实际上,城市医养融合的发展也是一种制度变迁过程,其主要动力是处于不同位置的个体、群体或组织在当前制度条件下的利益分化难以弥合,且维持最低限度的制度稳定所要付出的代价成本远远超出相关主体的底线预期,在公共诉求的推动下制度便出现了自我更迭或外力重塑,与此同时,不同群体和个人的行为依然受其所处场域的制度逻辑制约。[①] 我国城市医养融

[①] 周雪光、艾云:《多重逻辑下的制度变迁:一个分析框架》,《中国社会科学》2010年第4期。

合的基本内涵是医疗资源与养老资源的互相耦合及嵌入，而参与这一过程的不仅是医疗机构和养老机构，还包括国家、地方政府相关部门、社区、企业、社会组织和老年群体等。正是由于这些参与主体采取不同的行动逻辑，才推动了医养融合机构及其运作模式的变迁。因此，本章拟在对我国城市医养融合不同发展阶段及其相应模式的特点进行概括性介绍的基础上，通过对几个主要参与主体的行动逻辑进行比较细致的分析，尝试搭建一个较为系统的解释框架，以便为以后各章的讨论提供必要的理论依据。

一 城市医养融合兴起和发展的历程

（一）萌芽阶段：转型期基层实践探索的产物

我国城市医养融合的实践探索可以追溯至20世纪八九十年代。伴随着改革开放以来计划经济体制向社会主义市场经济体制的剧烈转型，"政府办社会""单位办社会"模式下的医疗及养老服务供给与市场需求之间的匹配差距不断加深，其指令性的服务供给方式也有所松动，政府不仅逐步放开了对社会资本进入医疗及养老服务市场的准入限制，还先后出台了一系列鼓励性的扶持政策，一大批民营医院、民办养老院迅速进入市场并发展壮大起来，既为社会公众提供了更为多元化的选择机会，也导致医疗及养老服务市场的竞争态势日趋激烈，传统公办医疗机构和养老机构的生存空间受到挤占，组织生存能力大打折扣。迫于组织的生存需求，部分医疗机构和养老机构开始尝试突破传统服务模式，独立开发探索兼具医疗诊治功能和养老照护功能的复合型服务，或自发地寻求与外部组织进行合作。但由于政策保障和政府引导比较欠缺，萌芽阶段的医养融合实践体现出明显的"重私轻公"色彩，即医疗机构及养老机构之所以尝试推行医养融合，其出发点更多地在于有效适应并及时响应市场竞争需求，以保障组织自身的生存空间和发展机会。

例如，成立于1958年的桂林冶金疗养院是广西壮族自治区工业和

第二章 城市医养融合参与主体的不同行动逻辑及其整合机制

信息化委员会的直属事业单位,在计划经济时期,桂林冶金疗养院负责区内国有工矿企业职工的康复疗养、职业体检等,疗养院的经营管理权、人事任命权全部收归于自治区工信委,疗养指标由政府主管部门统一调配,所需运作经费也由国家财政全额拨款。服务对象局限、功能定位单一、经营方式僵化的弊端在20世纪80年代中后期日益激化凸显,特别是随着国有企业改制的不断深化,区内工矿企业逐渐成为自主经营、自负盈亏、自担风险、自我约束、自我发展的独立市场主体,政府不再对企业职工的疗养康复摊派指标计划,疗养院就此失去了运营发展的先天优势,导致疗养院的经济效益严重下滑。为扭转机构亏损危机,1996年桂林冶金疗养院依托其医疗优势、环境优势、口碑优势,整合既有专业医护人员和医疗设备设施,正式成立桂林夕阳红养老中心。与一般照护型养老机构相比,集医疗诊治康复和日常看护照顾于一体的一站式特色服务是夕阳红养老中心的核心竞争优势,在医养融合尚未普及推广的早期阶段,夕阳红养老中心迅速在当地养老服务供给市场中站稳脚跟,床位入住率长期保持在90%以上的高位水平,濒临破产倒闭的桂林冶金疗养院得以实现平稳转型。

与之类似,在北京、天津、山东等东部省市,医养融合实践的初始样态呈现出明显的趋同特征,即在外部市场需求和内部机构发展的双重驱动下,医疗机构或养老机构自发进行整体组织转型或部分功能调整,如北京香山医院将部分病房改造为养老居室,面向社会提供养老照料服务;天津康泰老年公寓则与南开区长江医院开展业务合作,在养老机构内部设立了门类齐全的医疗科室,在满足入住老年人体检化验、康复理疗等基本医疗服务需求的同时,也具备抢救突发急症老年人的软硬件条件。[1] 总体而言,处于萌芽阶段的医养融合具有明显的地方差异,医养融合的主要对象、服务内容及发展水平也不尽相同,各地的自主探索更多地停留在经验层面,尚未形成比较稳定且取

---

[1] 黄佳豪:《关于"医养融合"养老模式的几点思考》,《国际社会科学杂志》(中文版)2014年第1期。

得共识的医养融合实践模式。此外，这一时期的医养融合实践过于依赖医疗机构增设养老照护功能或养老机构与医疗机构的简单合作，除医疗机构与养老机构之外的其他主体参与极为有限。

随着各地自发性的实践探索不断丰富累积，医养融合作为社会化养老服务供给的新兴形式已然成为客观社会事实，然而缺乏合理规范约束的外部环境也使得医养融合的发展成熟举步维艰、阻力重重，导致诸多实践困境长期得不到有效破解，如医养融合各方参与主体功能定位存有偏差重叠、部分参与主体动力意愿明显不足、专业化服务供给能力极为有限等等。尽管"银色浪潮"下医养服务供需失衡态势早已显现，符合健康人本理念的养老保障发展进路面临的现实挑战与日俱增，医疗服务与养老服务相分离的现状更使其雪上加霜，直到2011年3月发布的《国民经济和社会发展第十二个五年规划纲要》才提出"实现养老服务从基本生活照料向医疗健康、辅具配置、精神慰藉、法律服务、紧急援助等方面延伸"[①]，这是首次在国家规划层面上将医疗健康纳入养老服务体系的论述。据此认为，这是我国进行"医养融合"探索的起点。2013年，国务院出台的《关于加快发展养老服务业的若干意见》（国发〔2013〕35号）首次使用"医养融合"一词，明确要求积极推进医疗卫生与养老服务相结合，推动医养融合发展。

（二）试点阶段：国家权力的干预与介入

事实上，在中央政府"自上而下"地介入医养融合实践领域之前，地方政府就已经捕捉到医养融合服务市场的发展空间，结合当地实情深化医养融合制度建设，将行政干预力量引入医养融合实践以克服单纯依靠组织内生及市场运作的短期逐利性弊端，为医养融合实践发展营造良好的市场环境并提供扎实的保障措施。如青岛市在2006

[①] 《中华人民共和国国民经济和社会发展第十二个五年规划纲要》，《人民日报》2011年3月17日第1版。

第二章 城市医养融合参与主体的不同行动逻辑及其整合机制

年起正式将老年医疗护理业务纳入基本医疗保险范畴,并于 2012 年开始实施《关于建立长期医疗护理保险制度的意见(试行)》,在城镇职工基本医疗保险和城镇居民基本医疗保险的基础上,设立市级统筹、专款专用的护理保险基金,对失能、半失能的参保老年人因入住医疗护理机构或居家接受长期医护照料所产生的相关费用给予相应补偿,同时由人社部门牵头,会同卫生、民政、残联等部门制定定点护理服务机构的资质准入和退出机制,以具备医疗资质的老年护理机构、与相关医疗机构签订合作服务协议的养老服务机构及残疾人托养机构为主体,面向参保人提供形式多样的居家医疗签约巡诊、在院医疗护理以及社区失智照护等医养融合服务,逐步建立起医中有养、养中有医、医养合作、医养一体、居家医养等多种模式的医养融合服务体系,截至 2016 年年底,医养融合养老机构数量达到 180 家,占青岛全市养老机构总数的 78%。武汉市则将医养融合的切入重点瞄向社区康复养老院,在地方政府的主导推动下,武汉市江汉区自 2007 年起率先试点医养融合养老模式,依托社区卫生服务中心成立康复养老院,专门收治社区内部的失能老年人,由民政部门额外核准养老床位,社区卫生服务中心主任兼任康复养老院法人代表,中心护士长和护工共同负责入住老年人的日常照顾,专职社区医生则负责入住老年人的普通病症诊治和突发疾病转诊,社区老年人在家门口即可享受到专业齐全的医养融合养老服务,进而推动实现城市社区"十分钟"养老圈的发展目标。

在地方政府的介入支持下,城市医养融合实践已较萌芽阶段有了明显改善。一方面,城市社区服务组织逐步参与到医养融合中来,医养融合服务供给主体不再局限于传统意义上的医疗机构和养老机构,进一步丰富了医养融合服务形式,更符合老年人居家式的养老偏好,从情感心理的角度而言有效缓解了老年人对机构养老的抵触情绪;另一方面,地方政府出台的一系列扶持政策也确实对推动医养融合实践向纵深发展发挥了强有力的保障作用,在一定程度上使得确保医养融合发展规划与地方经济社会发展水平相匹配、妥善协调参与主体之间的利益分配关系、巩固一线服务机构的外部促进条件成为可能。但在中央集权的政治制度下，地方政府相对有限的权力空间使其在调适顶层设计与基层实践的矛盾张力中存在先天不足，特别是在医养融合实践尝试涉及既有社会保障制度的再调整时，仅凭地方政府的"一己之力"和"一厢情愿"很难起到实质作用，改革成功的关键在于能否得到中央的承认与推动。当然，在地方政府的量变尝试积累到一定程度时，中央层面的制度调整也相应地水到渠成。

随着地方实践经验的不断积累和成熟，医养融合逐步引起国家相关部委的高度重视，自2011年以来，多份旨在推动医养融合规范发展的国家层级政策文件密集出台。2011年9月，国务院发布《关于印发中国老龄事业发展"十二五"规划的通知》（国发〔2011〕28号），明确将发展护理康复服务列为加强老龄服务的优先举措之一，积极探索多种形式的融资形式，鼓励并引导社会资本投资兴办护理康复型养老机构，初步展现了以"养老＋医疗"的形式完善社会养老公共服务体系的国家意图。作为《中国老龄事业发展"十二五"规划》的细化方案，同年颁布的《国务院办公厅关于印发〈社会养老服务体系建设规划（2011—2015年）〉的通知》（国办发〔2011〕60号）进一步指出："面向所有老年人提供生活照料、康复护理、精神慰藉、紧急救援和社会参与等服务功能是社会养老服务体系的应有之意，重点推进供养型、养护型、医护型养老设施建设，不断健全完善立体化、综合式的养老服务网络。"在2013年9月出台的《国务院关于加快发展养老服务业的若干意见》（国发〔2013〕35号）中，首次在国家高度提出并确认了医养融合概念，鼓励各地灵活探索医疗卫生资源与社会养老资源的互链形式，并对卫生、民政等相关政府职能部门、医疗机构、社区卫生服务机构、养老机构等主体的参与方式做出原则性安排，标志着国家统筹社会养老和医疗服务融合发展的新思路基本成型，为新时期社会养老服务体系的建构完善提供了比较充分的政策依据。在随后下发的《国务院关于促进健康服务业发展的若干意见》（国发〔2013〕40号）中，再次肯定了医养融合的重要性和紧迫性，明确把推进医疗机构与养老机构等加强合作、发展社区健康养老服务作为加快发展健康养老服务的关键任务，并提出了在养老服务中融入健康理念、加强医疗卫生服务支撑的多项具体措施，但两份文件更多的是从整体宏观维度对医养融合发展做出方向性把控，国家相关部委以此为指导依据，先后出台了一系列相关政策，探索解决医养融合的管理归属问题、市场监管问题、融资扶持问题、社保报销问题等现实难题的合理方案。

如2014年3月，国家卫生计生委办公厅发布《关于成立卫生计生老龄工作领导小组的通知》（国卫办家庭函〔2014〕202号），成立卫生计生老龄工作领导小组，将医养融合发展的具体任务分解发包至其下辖的规划司、财务司、法制司、医政医管局、基层司、家庭司等职能司局，其中由医政医管局主要负责的八项子任务直接关系到医养融合的硬件设施建设、康复护理服务标准化管理、老年病科医疗服务能力建设、老年人长期护理制度建设、养老医疗服务资源配置等核心事项，从侧面印证了国家层面推动落实医养融合发展开始步入实质化准备阶段。随后，发改委、民政部、国家卫计委于2014年6月联合发布《关于组织开展面向养老机构的远程医疗政策试点工作的通知》（发改高技〔2014〕1358号），在北京市、湖北省和云南省开展试点工作，探索面向养老机构远程医疗服务的政策标准和市场化运营机制，进而提高养老机构的医护服务专业化水平，并在试点过程中逐步形成医养机构间的有效合作方式。民政部、国家发改委先后颁布《关于开展养老服务业综合改革试点工作的通知》（民办发〔2013〕23号）和《关于做好养老服务业综合改革试点工作的通知》（民办发〔2014〕24号）两份文件，批准包括北京市西城区在内的42个地区开展试点工作，"促进试点地区率先建成功能完善、规模适度、覆盖城乡的养老服务体系"。2014年9月，国家发改委等十部委联合颁布《关于加快推进健康与养老服务工程建设的通知》（发改投资〔2014〕2091号），强调现阶段建设任务应主要围绕"为社区日间照料中心为老年人提供日常生活照料及健康管理服务，为失能、半失能老人提供日常生活照料及医疗护理等服务，为养老院和社区配备医养结合服务设施，以及为农村老年人提供养老服务设施建设"四类项目展开，以促进形成规模适度、运营良好、可持续发展的养老服务体系。国家发展改革委办公厅、民政部办公厅、全国老龄办综合部在其出台的《关于进一步做好养老服务业发展有关工作的通知》（发改办社会〔2015〕992号）中，肯定了2013年以来医养融合养老服务所取得的发展成果，并重点围绕如何构建医养融合长效机制做出一揽子计划安排，包括树立典型企业、开辟绿色通道、深化部门协作等。

（三）整合阶段：政府、市场与社会的多重互动

国家政策的高位推动及统一部署，一方面将发展医养融合的具体责任分解落实到各地方政府部门，客观上促成了医养融合发展"上下联动"的工作机制，旨在细化国家医养融合政策意见的地方性实施方案随之出台，如青岛市于2016年4月颁布《关于印发青岛市促进医养结合服务发展若干政策的通知》（青政办字〔2016〕48号），天津市也于2016年11月发布《关于推进我市医疗卫生与养老服务相结合的实施意见（试行）的通知》（津政办发〔2016〕102号）；另一方面也在一定程度上优化了医养融合的发展环境，进一步激发出社会资本、市场机制对医养资源的整合配置能力，政策效果逐步显现。

综合各地开展情况来看，医养融合的实践形式大致可以归结为内设模式和合作模式，其中内设模式是指由养老机构、医疗机构或其他组织主体单独开展医养融合服务，积极拓展自身养老或医疗的能力优势，在原有功能基础上补充增设内部部门，弥补或"医"或"养"的功能短板，实现医疗机构优质资源在养老领域或养老机构优质资源在医疗领域的溢出效应，具体实践形式包括养老机构内设医疗机构、医疗机构增设养老功能、建设医疗养老联合体等。如厦门市以护理机构建设标准为审批条件，在2013年准予10家规模较大（养老床位数量在150张以上）的养老机构单独设置医疗机构，包括医务室、卫生

第二章 城市医养融合参与主体的不同行动逻辑及其整合机制

所、保健站、门诊部等,并由市人社部门负责办理其医保定点资格和刷卡结算事项。重庆医科大学附属第一医院则在2012年2月投资兴建青杠老年护养中心,成为国内首家经国家发改委批准的大型公立医院主办的养老机构,该中心依托重医大附一院的专业医疗优势,组建了一支由医师、护师、营养师、社工师、心理咨询师、护理员、志愿者等组成的医疗照护团队,并建立了内部循环转区机制,入住老年人在机构内部即可完成由养老区到慢病康复区再到医疗区的无缝转接,进而使其享受到集医疗、护理、养老、康复于一体的综合养老服务。作为国内较早进入养老不动产市场的私营企业,泰康保险集团在2009年成立全资子公司泰康之家投资有限公司,专门从事复合型养老社区的开发运营业务,目前投入运营的泰康之家都市医养社区均统一规划配套独立生活、协助生活、记忆照护、专业护理四类生活服务区域,并在社区内自建二级资质的康复医院,设有综合门诊、康复中心、中医养生治疗中心、健康服务中心、远程会诊中心、急诊处置转诊接待中心等科室,依托寿险集团的雄厚资金和市场优势,打造专业化、规范化、国际化的医养融合联合体,为社区居民提供个性化的生活照顾及医疗护理服务。

而合作模式是指养老机构、社区照护中心与专业医疗机构缔结合作联盟,整合不同组织主体的优势特长共同提供医养服务,包括医疗机构与养老机构、社区照护中心签订会诊、巡诊、转诊协议,由医疗机构承担养护机构的医疗诊治功能模块。如南京市秦淮区民政局、卫生局联合执行《秦淮区"健康养老惠民"行动实施方案》(宁秦卫政〔2013〕18号),安排辖区12家社区卫生服务中心与38家养老机构签订医养融合服务合作协议,疏通医养资源在社区和机构之间的转承渠道,为机构入住老年人提供健康档案管理、定期体检、疾病诊治、健康服务热线、慢性病规范管理与控制、康复训练指导、健康宣教等卫生保健服务。济宁市兖州区社会福利服务中心则将医护业务分包给兖州区中医院,由区中医院作为业务管理主体在中心设置医疗诊治部门,引入医院病区管理模式,同时聘用护理专业毕业生负责老年人日常照护工作，使社会福利服务中心的专业医护水准得到大幅提升，基本实现护理、预防、治疗、康复等功能及资源的有效整合。

与此同时，针对地方在开展医养融合实践探索进程中普遍暴露出的瓶颈障碍，国家在宏观层面也不断对医养融合的相关制度安排及发展路径予以调整、细化，理顺政策文本与实际执行之间的衔接关系，纠正并减少政策落地过程中的偏差风险。2015年11月，国务院办公厅转发卫生计生委、民政部、发展改革委等九部委联合拟定的《关于推进医疗卫生与养老服务相结合的指导意见》（国办发〔2015〕84号）（以下简称《指导意见》），明确要求各地在推进医疗卫生与养老服务融合发展过程中，应贯彻遵循"保障基本、统筹发展、政府引导、市场驱动、深化改革、创新机制"的基本原则，进一步厘清医养融合的五项重点任务，并着重完善了直接影响医养融合发展成效的投融资政策、财税价格政策、用地规划、长期照护保障体系、人才队伍建设及信息化技术支撑等保障性措施。在《指导意见》的基础上，国家卫计委随即出台《关于印发医养结合重点任务分工方案的通知》（国卫办家庭发〔2016〕340号），将促进医养融合发展的各项具体职责任务正式安排分解至中央各相关部委、司局，对于推动地方建立完善医养融合协同配合工作机制起到了良好的示范效应。同期民政部、卫计委颁布的《关于做好医养结合服务机构许可工作的通知》（民发〔2016〕52号）则进一步明确了民政部门、卫生部门承担的宣讲、审批、指导及咨询职能范围及履行措施，以打造"无障碍"审批环境，优化并提高相关政府职能部门的服务能力及办事效率。为优化医养融合政策环境、完善体制机制，根据国家卫生计生委办公厅、民政部办公厅《关于遴选国家级医养结合试点单位的通知》（国卫办家庭函〔2016〕511号）的要求，国家卫生计生委办公厅、民政部办公厅颁布《关于确定第一批国家级医养结合试点单位的通知》（国卫办家庭函〔2016〕644号）和《关于确定第二批国家级医养结合试点单位的通知》（国卫办家庭函

第二章 城市医养融合参与主体的不同行动逻辑及其整合机制

〔2016〕1004号),分两批共确定了90个市(区)作为国家级医养结合试点单位,要求试点单位全面落实医养结合工作重点任务,加强资源统筹配置和倾斜照顾,建立合理可行的部门协作、经费保障及人员保障工作机制,鼓励探索地方医养结合的不同模式,并积极协调解决存在的困难和问题,在试点过程中不断积累成功经验,为推广成熟模式奠定基础。对比分析2015—2017年医养融合领域的国家政策更新调整和地方实践探索创新,可以清楚地看到,象征国家意志的行政力量始终尝试将医养融合引向规范化、定型化、标准化的发展路径,而当前相关政策之所以对融合形式和服务内容保持着相当程度的包容性,其关键在于地区之间的经济社会发展水平存在明显差距,所面临的人口老龄化压力轻重有别,限定医养融合发展模式在客观上超出了部分地区的实际负担能力,同时出于维持功能与效率、市场与社会间必要平衡的考虑,国家政策也分门别类地对不同医养融合模式设定了运作框架和保障措施,进而确保多元化的医养融合模式能够满足特定历史条件下的特殊需求。简而言之,城市医养融合模式演变是一个渐进式、交互式的发展过程,尽管制度健全、资源共享、功能耦合、效率稳定是医养融合发展的目标共识,但由理念落地为现实恰恰受到多方因素的作用影响,其中既有制度环境本身的掣肘,也有利益主体之间的博弈互动,这也是下文讨论的关键问题,即城市医养融合模式演进过程中的理论逻辑与现实机制。

二 城市医养融合参与主体的不同行动逻辑

通过上节对城市医养融合兴起和发展历程的分析,可以明显梳理出不同参与主体的四种逻辑,即针对宏观环境的国家调控逻辑、针对组织内部的科层管理逻辑、针对组织之间的合作逻辑以及针对老年群体的消费偏好逻辑。其中,国家调控的逻辑旨在解释国家在城市医养融合模式发展中的内在协调机制,即国家权力的介入对城市医养融合及其运作模式的发展产生影响的内容与方式；科层管理的逻辑则为解释组织内部不同层级主体的行动选择提供了合理思路，即为何处在同一管理序列中的不同层级组织主体对医养融合政策的贯彻执行程度存有明显差异；组织合作的逻辑的意义在于阐明医养融合模式演变中不同参与主体间的合作行为是如何发生的，以及现有条件下的合作行为又是如何影响医养融合模式演变的。以上三种逻辑直接推动城市医养融合具体运作模式的变迁，而城市老年群体的消费偏好逻辑则发挥着间接影响。归纳而言，医养融合不同参与主体的角色、地位不同，所处的环境不同，因而行动目标和行动逻辑也不同。也正是不同主体按照不同逻辑展开互动，才可能推动城市医养融合模式变迁。当然，不同主体的行动逻辑是多元的，因而实际上也不存在某种逻辑单一对应某一主体的简单关系。笔者按照平行分割的方式对上述逻辑展开分析，主要是为了方便研究。

（一）国家调控的逻辑及其特点

本书更多的是在实体和狭义的维度讨论国家概念，即国家概念具象地表现为居于国家权力体系顶端的国务院及其直属部委。推广城市医养融合的新型养老模式是国家针对养老体制改革转型的一项具体化举措。在政策制定到政策落实的自上而下过程中，国家无疑是一个关键的驱动力量：国务院、中央部委出台颁布一系列政策指令，在国家统筹的高度为医养融合的实现方式、试点管理、进度调控、责任分配设置基本的操作框架，地方各级政府及相关职能部门以此为核心依据，并结合自身实情制定相对弹性化的具体方案以实现国家意志的落地执行。如果我们仅将医养融合领域内国家层面的政策文本作为观察分析的重点，就容易陷入因果关系简单化的认知陷阱，即国家针对医养融合的相关政策指令的持续完善，一方面符合当前比较现代化的健康老龄化理念；另一方面也逐步强化改善着政府的社会服务功能。但这种相对狭窄的分析视角对更加全面又比较细致地理解国家逻辑而言无异于管中窥豹，很难系统地把握国家在医养融合制度设置和政策执

第二章　城市医养融合参与主体的不同行动逻辑及其整合机制

行中的真正作用。因此，我们需要重新审视国家行为并从中细化对国家逻辑的思考，即在城市医养融合由自发探索尝试上升为更高层次的社会事实之后，国家相应制定颁布一系列政策文本这一事实表象背后体现了哪些更为深刻的制度逻辑，医养融合政策文本和后续的落实效果之间的作用逻辑又该如何理解。这就需要解释两个具体问题：一是国家层面的制度安排是如何产生并达成稳定的；二是制度安排在政策向实践转化的过程中又是如何发挥作用的。在此，基于可观察到的基本社会事实，笔者尝试从制度安排的平衡逻辑及国家意志的象征逻辑这两条思路做出解答。

1. 制度安排的平衡逻辑

中国改革转型道路所呈现的明显特征是渐进性，在国家政治决策层面，相应地表现为各部门的权力责任划分和利益关系平衡始终牢牢建立在以维护大局稳定的基础之上。[①] 因此，国家层面政策文本的制定和推行并不是一蹴而就的，既要历时持久的时间投入以准确全面地把握情况，也要得到相关部门的一致理解及认可。从这个意义上，医养融合领域内的国家逻辑也就具备了如下特征：首先，就中央层面出台的各项政策法规而言，医养融合的发展重点在不同部委之间存在明显分异，如民政部社会福利和慈善事业促进司一直积极推动医养融合养老模式的发展成熟，在全国多地走访调研的基础上形成的咨政报告也得到部委领导的批示，但其他相关部门（如卫计委、老龄委、人社等）则对政策实行可能导致的负面运作效果存有疑虑，结果导致目前有关医养融合的国家政策更多地体现出一种倡导鼓励的特征，在政策落地的过程中既赋予地方政府以较大的灵活空间，也可能引起地方政府对政策的模糊理解而造成后续执行的偏差，继而使得其他制度逻辑较难实现有机协调。其次，由于中央政府各部门面临着差别化的任务目标，因此在对垂直下属地方政府

[①] S. Shirk, *The Political Logic of Economic Reform in China*, Berkeley: University of California Press, 1993, p. 15.

部门的工作要求也不尽相同，导致地方政府在医养融合实践中可能采取前后不一致甚至相互矛盾的做法。换言之，制度安排的平衡逻辑意味着医养融合的政策安排在制定之初就需要考虑部门导向的差异性，更多的是要在互动之余加以让步和妥协，以确保政策的一致性和连续性，所以需要我们进行全面深入的考察，进一步"认识政府各部门的不同目标和利益，以及其他领域中的国家政策在医养融合领域中的相互竞争甚至冲突的作用"[1]。

实际上，正如周雪光等学者所言："国家出台的医养融合政策并不是遵循某一既定路线持续不变的，而是针对政策下沉过程中出现的困境和面临的危机而不断调整应对的。任何组织中的重大决策通常都是有关部门和利益集团间的协商妥协所达成的此时此地的共识，因此这些决定大多是暂时的，有赖于这一决策背后共识基础的稳定存在。"[2] 而维系这一共识的一个重要方面是医养融合实践过程中的反馈机制。如果这些反馈是良性的，如缓解或解决了城市养老压力、老年人的美好生活需要得到满足，那么这些正向反馈就能促进医养融合多元参与主体强化合作共识，从而加快推动医养融合制度建设；但如果这些反馈是负面的，如医养融合效果不佳或负面影响过大、国家意图在基层实践中难以贯彻，那么这些负向反馈就会削弱甚至瓦解不同部门、多元参与主体间的共识，"从而诱导国家政策的转向和再调适"[3]。

2. 国家意志的象征逻辑

尽管一项国家层面政策的产出需要经历相当复杂的部门间博弈协调，但只要政策正式出台落地，就会对下级政府部门乃至社会方方面面产生极为强大的整合动员效用。这是源于在中国国家治理过程中，

---

[1] 周雪光、艾云：《多重逻辑下的制度变迁：一个分析框架》，《中国社会科学》2010年第4期。

[2] 周雪光、艾云：《多重逻辑下的制度变迁：一个分析框架》，《中国社会科学》2010年第4期。

[3] 周雪光、艾云：《多重逻辑下的制度变迁：一个分析框架》，《中国社会科学》2010年第4期。

国家发挥着重要的甚至是权威性角色[①]，国家的角色属性使得国家意志内化于国家政策向下传导的过程中，国家政策所蕴含的某种国家意志也以象征手段对相关利益主体的行动选择产生深刻影响。毕竟在地方政府看来，国家政策就是国家意志的符号。就中国的社会运行机制而言，国家政策往往暗示着在可预见的未来一段时期内，国家着力推动并扶持发展的重点领域。因而这些拥有政策扶持属性特征的领域就具备吸引社会资本流入的动员能力，继而相应增大这些领域的市场空间和盈利可能。近年来，国家高度重视老龄工作，尤其自2013年国务院发布《关于加快发展养老服务业的若干意见》（国发〔2013〕35号），首次提出推动医养融合发展以来，国家政府及相关部委密集出台了一系列政策文件，积极推动城市医养融合的发展。这一系列政策作为国家意志的符号，向地方政府传递了一个信号，即未来很长一段时间内，医养融合的发展是国家着力推动并扶持发展的重点领域。如自从国家明确提出鼓励社会资本参与养老服务业发展的实施意见以来，医养融合领域的社会经济活动得到进一步刺激繁荣，据国家财政部PPP综合信息平台项目库的数据显示，近年来医养融合PPP项目越来越多，2016年共有34个医养融合项目，占全部养老PPP项目的比重为32.7%，2017年1—8月这一比例进一步上升至42%。这一事例较为有力地印证了国家意志的象征逻辑的客观存在，即国家政策体现出明显的国家意志的倾向，而具有方向指引性的国家意志又通过宏观调控和微观拉力来左右市场环境内各主体的行动选择，但国家政策对相关行为主体的调控是一个由非规范性引导到规范性管理的过程。当前，医养融合尚处于整合快速发展阶段，各行为主体的行动选择尚不规范，国家医养融合政策对相关行为主体的调控过程则会随着社会条件的满足朝向规范、有序发展。

---

① 蔡益群、曾春祥：《中国国家治理逻辑分析的新进路——一种规划性政治的视角》，《江西理工大学学报》2015年第6期。

(二) 科层管理的逻辑及其要求

制度具有某种公共物品属性，因此制度目标的实现既需要在设计阶段平衡各方主体的利益诉求，也有赖于执行阶段的精准实施。[①] 换言之，一项完整的制度过程需要依托有效组织的运作执行而得以实现。国家政策是通过各级政府的科层组织体系加以贯彻落实的。[②] 目前国家各项政策对各级政府及各条线部门在医养融合实践过程中的角色、功能和作用介入的规定比较模糊，因此统观全国各地的医养融合实践，地方政府（特别是地市一级政府）往往会对本地医养融合发展变迁发挥出强有力的影响干预。毕竟地方政府作为一个相对独立的科层制组织机构，一方面，地方政府可以说是"麻雀虽小五脏俱全"，尤其是央地分税制改革后，地方政府实质掌握及支配的资源进一步扩张，相较于国家层面更便于形成一定范围内的一致行动；另一方面，地方政府（尤其是地市一级政府）与中央政府之间在科层体系中又保持着合理距离，从而为摸索并定型地方性的医养融合实践模式提供了必要条件。此外，地方政府与底层社会之间的互动联系更加密切，有利于感知并确认社会公众的真实需求，并在地方政府的后续实践行动中给予有效回应。因此，地方政府既是其辖区内医养融合的直接推动者，依据中央及上级政府的政策意图制定当地医养融合的实施方案，又是地方各部门之间的规则制定者、监督者及关系协调者，确保各部门在医养融合政策执行中的责任得到切实履行。然而，在明确了地方政府的角色功能之后，仍有诸多问题得不到令人信服的合理解释，如地方政府的角色功能是如何发挥的？如何解释不同区域的地方政府在医养融合实践中的行动及其效果的差异性？前人累积的诸多

[①] 王敬尧：《"互动合作"的制度变迁模型——以武汉市江汉区社区建设为例》，《华东师范大学学报》（哲学社会科学版）2005 年第 5 期。

[②] 周雪光、艾云：《多重逻辑下的制度变迁：一个分析框架》，《中国社会科学》2010 年第 4 期。

第二章 城市医养融合参与主体的不同行动逻辑及其整合机制

研究成果表明[1][2][3]，科层组织的形态特征塑造影响着其内部成员的行为模式，同时组织内部成员也会对科层组织的压力约束做出相应反馈，即组织和个体之间在功能关系上是互为补充的，因此地方政府的组织行为蕴含着明显的个体行动色彩。本书认为，虽然地方政府针对医养融合的行动选择各有不同，但无论何种形式的地方政府行为，其深层的决定机制均可归结为科层制逻辑，包括权责边界的分割逻辑和压力传导的应对逻辑。

1. 权责边界的分割逻辑

受行政管理体制条块分割的传统惯性影响，医疗资源管理和养老服务管理长期分属不同部门负责，主要包括地方的卫计、民政、人社、财政等相关政府职能部门，在某些地方的医养融合实践中还涉及发改、国土、住建等职能部门的参与介入。在条块分割的地方政府运作模式中，地方政府各部门在运作过程中处于条块分割的状态，彼此之间除必要的业务对接外，更多情况下是平行运作的，对其他部门缺乏基本的指挥调动权力，即在权责边界的划分上异常清晰。然而理想化的医养融合模式对政府部门之间的协作水平和协作效率有着较高要求，需要各职能部门之间的妥协平衡以及有序介入。从既有的部门间协作经验来看，由单一或多个相关职能部门牵头负责以及成立专门领导小组是促成部门协作的两种常见方式，但这两种方式的运作效果往往依赖多种外部条件，导致其实际效果不佳、效率颇低。在由单一或多个职能部门牵头负责的协作方式中，其他协同配合单位的参与程度往往取决于其与负责单位的资源地位和权力关系的对比情况；而成立专门领导小组一般短期内成效明显，但随着时间的推移，财权与事权的不对等又易导致其陷入"架空"困境。就目前全国各地医养融合

---

[1] Kerr. S., "On the folly of rewarding A, while hoping for B", *Engineering Management Review IEEE*, Vol. 18, No. 4, December 1975.
[2] 周黎安：《中国地方官员的晋升锦标赛模式研究》，《经济研究》2007年第7期。
[3] 周雪光：《"逆向软预算约束"：一个政府行为的组织分析》，《中国社会科学》2005年第2期。

的开展形式来看，部门间协作多以民政部门、卫计部门牵头或联合牵头负责的形式为主，由于体制上的块状壁垒使然，目前医养融合实践难以触及更广范围和更深层次，尤其是在长期医护保险制度建立、社会资本进入的配套优惠落实等与直接利益相关的问题上推动缓慢。因而部门职责交叉重叠但权责边界划分明确的现实导致医养融合的诸多领域处于无人进行实质管理的状态，养老、医疗、医保等管理碎片化、权责不清以及部门之间利益冲突等问题逐渐呈现。[1] 此外，由于缺乏明确的责任分工和相应的绩效考核硬性规定，部门之间的推诿扯皮时有发生[2]，导致中央的政策意图在落地到地方时变了形、走了样。

如前所述，医养融合演变历程实际上是一种制度变迁的过程。而制度变迁的过程实际上是"享有不同权力的行为体为争夺规则制定权的竞争，而制度本身更多地体现强者的理念和利益"[3]。毕竟任何行为体都希望"最大限度实现个人利益、并能够控制资源和获利于资源"[4]。因此，"既得利益的强势行为体通过各种手段固化既定制度，而利益受损者会动员资源来改变既有制度。有效协同制度的产生关键是要通过体制机制创新，协同条块部门的理念和利益，以此来构建更广泛的理念共同体和力量联盟。只有当具有压倒性优势的理念和利益共同体拥护制度创新时，一项推进整体利益的制度创新才能推出、持续和巩固"[5]。

2. 压力传导的应对逻辑

从权责边界的分割逻辑出发，我们可以看到在医养融合进程中地

---

[1] 杨哲：《"医养融合"养老服务：概念内涵、掣肘因素及推动路径》，《现代经济探讨》2016年第10期。

[2] 邓大松、李玉娇：《医养结合养老模式：制度理性、供需困境与模式创新》，《新疆师范大学学报》（哲学社会科学版）2018年第1期。

[3] Tang, S. P., *A General Theory of Institutional Change*, London and New York: Routledge, 2011, p. 156.

[4] [美]詹姆斯·S. 科尔曼：《社会理论的基础》，邓方译，社会科学文献出版社2008年版，第16—20页。

[5] 陈慧荣、张煜：《基层社会协同治理的技术与制度：以上海市A区城市综合治理"大联动"为例》，《公共行政评论》2015年第1期。

第二章　城市医养融合参与主体的不同行动逻辑及其整合机制

方政府部门之间的博弈角力，但仅围绕横向部门间的协作角度，难以把握科层管理影响医养融合模式演变的全貌。地方政府作为一个相对独立的科层制组织机构，其良好的运转秩序和合作行为依赖于组织内部的政府官员这一核心要素。虽然科层制组织的基本特征塑造、影响着其组织成员的行为模式，但与此同时，组织成员也会对科层制组织的压力约束做出相应反馈，即组织和个体之间在功能关系上是互为补充的，因此地方政府的组织行为蕴含着明显的个体行动色彩。处理地方性事务是且仅是地方政府行政管理体系中的一个环节，除此之外，还面临着多条线的上级部门所布置的多类事项，而行政序列的权责关系又使其不得不及时应对处理。因此，从纵向维度而言，组织的内部激励和外部诱导在很大程度上决定了地方政府官员的行动选择，对地方政府部门负责人而言，执行及落实医养融合的优先顺序取决于其在本部门工作任务当中的地位高低、在落实过程中是否易导致自身"犯错误"，以及假如取得一定成效后对自身的职业晋升而言有多大程度的促进作用，政府部门负责人对这些问题的基本判断往往影响着本部门对医养融合的实际推动意愿和资源投入。因此在一般意义上，地方政府在实际运作中的科层逻辑，尤其是政府官员行为选择的影响条件，是理解并解释医养融合在地方政府层级推动效果的关键。政府科层制度中的压力型体制、向上负责制和激励机制使得基层官员对来自上级的指令十分敏感。换言之，科层制压力传导的应对逻辑致使地方政府官员极力完成上级安排的任务，以期对自己的职业晋升获益。

虽然地方政府是国家治理的重要执行者，但贯彻执行中央制定的政策文件仍存有一定的潜在冲突，如某一部委专门出台的政策建议在执行过程中会暴露出与其他政策相冲突的问题。聚焦到医养融合领域我们也不难发现目标与实践相脱节的矛盾冲突，而其诱因在相当程度上可以归结为压力型体制对地方政府行为施加的直接干预影响，而这种压力型体制又与传统的官僚体制有着密切关联，上层机构的长官意志和权力权威对下层机构的监管督查及人事调动始终保持着一种微妙的作用力，凭借对稀缺性资源的绝对占有，上层机构常硬性地向下层机构摊派任务，并遵照这种形式逐级向下分包，直至延伸到任务执行的各个相关组织机构。[①] 与此同时，面对缺乏弹性的、由上至下的压力型体制，地方政府也在长期治理实践中形成了一套权变的技术策略体系，即在任务环境中各种矛盾冲突的目标之间加以权衡，在轻重缓急间加以选择[②]，具体表现为地方政府及其职能部门的内部官员在利益理性驱动下做出行动决策，即在容易做出成绩、成绩易获得上级认可且对于其职业生涯晋升至少不会造成威胁的情况下，才会主动整合资源、激发认同、介入并支持医养融合的开展推进。

（三）组织合作的逻辑及其条件

以上我们从国家和地方政府等维度分别讨论了其对城市医养融合模式演变的影响及其作用方式。除了上述两种影响逻辑之外，组织之间（尤其是医疗机构和养老机构之间）的合作方式和机制也比较深刻地影响着现有医养融合模式的生成及其发展趋势。按照社会交换理论的解释，合作双方是否具有相对平衡的交换资源是维系稳定合作行为的必要条件。[③] 然而这一论断并不充分适用于解释医养融合实践中的合作行为产生机制及其演变方向。回归到制度学派的解释思路中，尽管早期制度理论的某些观点存在夸大社会适应性的决定作用，但在后期的理论修正过程中，制度论学者越来越认识到其观点与理性学派和经济学的某些观点是互补而非对立的，这就为借鉴传统合作行为研究以更好地理解组织合作模式生成及其对制度模式的变迁影响留下一定的探索空间。[④] 我们将医养融合组织（尤其是医疗机构和养老机构之间）的合作拆分为过程上彼此接续的两项子问题，即医疗机构和养

---

① 荣敬本：《"压力型体制"研究的回顾》，《经济社会体制比较》2013年第6期。
② 周雪光、艾云：《多重逻辑下的制度变迁：一个分析框架》，《中国社会科学》2010年第4期。
③ 陈娜、王长青：《基于社会交换理论的医养结合服务共同体探索与实践》，《中国老年学杂志》2015年第22期。
④ ［美］W. 理查德·斯科特、杰拉尔德·F. 戴维斯：《组织理论：理性、自然与开放系统的视角》，高俊山译，中国人民大学出版社2011年版，第314页。

老机构作为两类功能存在明显区隔的异质型组织,其合作关系是如何产生的,又该如何解释合作冲突的产生机制及其对医养融合的影响。

1. 合作动因:资源共享与功能互补

有效的分工协作是现代社会的一项重要特征。随着现代性因素的增长,组织的角色功能愈加倾向于专业化和精细化,任何单一组织几乎不可能拥有并控制其所需要的全部资源,因此客观上直接推动了组织合作行为的产生,在合作行为中与上下游分工链条中的其他组织进行资源交换以实现共赢、多赢。同时,现代社会中的各类组织均处于开放而非封闭的系统中,也为组织同外部资源所有者建立起一种互相依赖关系提供了可行条件。[1] 就医养融合实践来看,尽管当前医疗机构和养老机构存在多样化的行动模式和应对策略,诸如内设部门、寻求合作、建立联盟等,但从理想类型的学理角度稍加反思,便可洞察以扩充组织内部功能为代表的行动模式的不可持续性。这缘于任何组织均面临着"追求短期效率和追求长期适应能力"两者之间的组织悖论[2],医疗机构或养老机构在其内部增设部门固然可以实现短期内的目标达成,规避合作中的不确定风险,比较便捷地完成资源的内部转移和配置,但从长远来看,这种内设部门的策略不可避免地以牺牲对未来市场的适应能力为代价,一旦出现政策调整或市场变动等突发情况,业已固化的"内部统管一切"运作模式很难做出准确判断和灵活应对。因此相较而言,以组织合作(协作)为基础的医养融合模式更符合理性且可持续的组织目标。

从体制性质和功能设置上来看,医疗机构和养老机构之间存在显著差异和明显边界,那么又该如何解释二者之间合作行为的产生?关照现实可以发现,"医院养不了老、养老院看不了病"是众多医养机构面临的现实难题,并由此衍生出一系列问题,诸如养老院入住率较低、医院床位非需占用情况突出、老年人及其家庭在两类机构之间疲

---

[1] 王辉:《企业利益相关者治理研究——从资本结构到资源结构》,高等教育出版社1999年版,第14页。

[2] 周雪光:《组织社会学十讲》,社会科学文献出版社2012年版,第318页。

于奔波等。而破解这一难题的关键恰恰在于如何实现养老机构和医疗机构在功能上实现互相嵌入、在资源上实现互为补充。正是由此，医疗机构和养老机构均可在合作中获得匮缺资源，在保持并巩固自身既有独立功能的前提下，最大限度地实现功能取向的调整重塑，进而取得"一举三得"的实践效益。诚然，在医养机构之间的合作互动中也造成了组织对外部环境和其他组织的依赖状况，也就意味着潜在风险的存在，但这种依赖关系却是双向交叉的。虽然现实中确实存在"一边倒式"的情况，但也是"当一个组织的依赖性大于另外一个组织时，权力变得不平等"的形式化表现[1]。在医养机构合作初期，双方均面临着资源不足和功能缺失的共性困境，从而使得互动双方的投机违约行为受到约束并达成暂时性的平衡，确保双方都具有维系持续性合作的充分意愿。因此，在自身资源不足以支撑其实现功能目标或生存目标时，医养机构选择与具有一定共识基础且掌握差异化资源的其他组织建立合作关系并开展业务合作是一种理性选择行为，这不仅是因为面临着同样转型要求的医养机构有着公共的价值目标从而容易达成一致，更主要的是这种合作关系在开始阶段是建立在平等交换基础上的资源互补，在一定程度上规避了权力或资源的不对称风险[2]，在合作共生过程中较易达成功能互补、资源耦合、效率改善的基本目标。

2. 冲突缘由：制度约束和利益分歧

医养机构间的合作行为依赖于组织对资源获取和功能满足的特定需求，与此同时，外部性风险又使得组织间合作呈现出相对脆弱的特点。尽管合作对参与双方都有着正向利好作用，但医养融合本质上是一种多重异质主体之间的合作，不同主体必然会在组织目标、价值取向和行为准则上存在差异[3]，而这些差异分歧又会在外部条件的影响

---

[1] 马迎贤：《资源依赖理论的发展和贡献评析》，《甘肃社会科学》2005年第1期。
[2] 朱春、程银宏：《民间公益组织间合作的逻辑与实现——基于上海市益优青年服务中心的研究分析》，《改革与开放》2011年第10期。
[3] 陈宇：《医养融合的内在冲突及其制度化途径》，《学术论坛》2017年第2期。

第二章　城市医养融合参与主体的不同行动逻辑及其整合机制

下演化成为合作冲突或困境的导火索。在针对组织合作困境的既有研究中，常见的归因解释主要包括两类：一是从体制结构的宏观维度切入，认为制度供给不足和权责划分不清等结构性因素是合作困境生成的重要原因；二是从主体行动的微观角度出发，主张机构间的合作困境是由具有各自目标的理性主体在横向协商与谈判过程中无法达成一致造成的。[①] 沿袭以上解释思路，对医养融合实践中医疗机构和养老机构之间合作冲突的发生机理作探索性解释。

一方面，在相对完善的制度环境下，合作双方一般以符合规章制度最低限度的要求作为行动依据，同时也能对彼此的行动选择做出比较准确的预期判断，相应化解合作不确定性的风险。然而，尽管近年来我国连续出台了多项扶持医养融合发展的政策文件，但多偏向于软性指导而非硬性规定，特别是在服务内容、管理标准、薪资待遇等方面未形成明晰的业务规范，机构运作的主观随意性比较突出。[②] 可以说，目前尚未建构起切实可行的医养机构间规范合作框架，或者说，现有的制度环境不足以维系医养机构间长期稳定一致的合作行为。只有当内在效率激励与外部制度约束得到平衡且兼顾到医疗机构和养老机构在认同的合法性与合理性上的一致性时，才能真正实现医养融合。然而从医疗机构和养老机构的合作现实来看，合作外部制度尚未健全，而合作双方在理性选择上也是需求的强烈程度不一致的，即"养老机构需求强，医疗机构愿望弱"，这种非对等关系在一定程度上导致了医养融合发展效果不甚明显。另一方面，医疗机构和养老机构在组织性质、目标取向、利益诉求以及社会期望上的显著差异放大了合作双方主体的地位不对等、信息不对称，对合作成本的承受限度各不相同，也客观上为组织合作的有序互嵌设置了无形障碍，使得组织间的冲突形式表现为某种程度的内部冲突。

[①] 马伊里：《合作困境的组织社会学分析》，上海人民出版社2008年版，第27页。
[②] 杨文杰：《中国特色医养结合服务模式发展研究》，《河北大学学报》（哲学社会科学版）2017年第5期。

(四）消费偏好的逻辑及其效应

城市老年人既是医养融合服务供给的直接受众，也是医养融合模式演变的重要推动主体，而由于医疗资源和养老资源的有限性，目前医养融合还难以在农村发展。以"医养融合"为主要特征的新型养老服务模式出现并得到快速发展的关键诱因之一是城市老年群体的美好生活需要与现有医养服务供给方式之间的客观矛盾，即供给侧和需求侧的矛盾。而医养融合的目的就是要将老年人的美好生活需要摆在决定位置，减少他们在医院、养老院、社区、家庭之间的周转频次，为他们提供日常生活照料、医疗护理、康复保健、心理慰藉等功能一体化的便捷式、经济型的综合服务模式。[①] 由此，城市老年人的美好生活需要理应成为影响甚至主导功能合理、定价亲民的医养融合模式建构演变的重要因素，也有学者以量化方式得出明确佐证，数据显示老年人的子女数量、自评健康状况、子女支持程度及支付意愿对医养融合实际需求有着较大影响。[②] 但在医养融合实践中，城市老年人的养老需求恰恰在相当程度上被隐匿甚至忽视，原本应以老年人需求为导向的发展模式被扭曲为以政府意志为导向或以组织效益为导向的模式，这对于可持续医养融合目标的达成无疑是一种危险信号。为此，亟待解释清楚近年来城市老年人的养老偏好出现了何种新的特征，进而又是如何对医养融合模式的演变产生影响的。借鉴推拉理论的解释思路，我们认为城市老年人的养老偏好与医养融合演变模式之间是一种"主动型拉力"和"被动型推力"的双向互动的作用机制。受内拉外推的双重影响，城市老年人的养老偏好与医养融合的目标取向渐趋一致，并且在微观互动中促使着更具本土化特征的医养融合模式的产生及变迁。

1. 被动效应：家庭结构和代际关系的转变

城市老年人的养老偏好在很大程度上受到家庭结构调整和代际关

[①] 田珍都：《"医养结合"的关键环节与对策建设》，《社会福利》2015 年第 10 期。
[②] 李秀明、冯泽永、成秋娴等：《重庆市主城区老年人医养结合需求情况及影响因素研究》，《中国全科医学》2016 年第 10 期。

系转变的双重挤压重塑。伴随着计划生育政策的严格执行、生育观念的不断更新以及生育成本的不断提升，我国城市家庭规模不断缩小，20世纪80年代以来，我国家庭户平均规模缩小的趋势更加显著，1990年缩减到3.96人，2010年缩减到3.10人，2012年居民家庭的平均规模为3.02人。①家庭规模的持续缩小意味着传统家庭结构体系和分工模式的再调整，与此同时，传统上以家庭为主要载体和资源来源的养老模式已较难适应家庭结构的快速转型，家庭养老的功能和作用不断被弱化，尤其在人口集聚、现代化程度较高的城镇地区，核心家庭中的子代普遍面临着相当严峻的工作压力和生活压力，导致其投入父辈生活赡养和精神慰藉上的精力较为有限，城市老年人养老诉求的实现与保障越来越依赖社会化养老服务模式。

经济社会的快速转型对劳动力的年龄标准和专业能力设置了更高要求，当个体年龄达到一定条件，劳动力市场的筛选功能会逐步淘汰弱势个体，相应地，其客观经济收入能力也逐步降低甚至丧失。尽管有传统文化象征意义的家庭政治伦理依然能够勉强维持年老长辈的权威地位，但更为明显的趋势体现为家庭权力中心逐渐由父代向子代过渡，家庭老年人的话语权和决定权亦逐渐被弱化和剥夺②，家庭代际关系正在发生深刻变革。正因如此，城市老年人在选择养老方式时就不得不综合考虑家庭实际状况及其子女的时间分配。即便身边无子女照料的老年人入住了养老机构或辅以社区居家养老，一旦遇上老年人生病，在家庭、养老院及医院之间的频繁周转仍然比较依赖其家庭成员的帮助，而这恰恰进一步扩大了家庭成员之间关系紧张的风险。因此，从家庭结构和代际关系的客观转变来看，建构起医养融合的服务模式不只是方便老年人，从更深层次而言是减轻家庭成员，尤其是子代的矛盾压力的可行策略。

---

① 国家卫生计生委家庭司：《中国家庭发展报告（2015）》，中国人口出版社2015年版，第67页。
② 陈皆明：《中国养老模式：传统文化、家庭边界和代际关系》，《西安交通大学学报》（社会科学版）2010年第6期。

2. 主动效应：制度环境和亚群体文化的塑造

虽然脱离家庭养老、寻求社会养老是不少城市老年人的"无奈"选择，但随着我国社会化养老服务体系的不断完善和众多养老服务机构专业能力的持续提升，城市失能老年人愿意入住养老机构的比例在近十年内有了明显上升[①]，这在一定程度上说明了社会化养老服务方式对特定城市老年群体产生了比较稳定的吸引力。而这一结果的达成，有赖于制度环境和文化认同两个维度的共同塑造。

首先，近年来国家针对社区养老及机构养老的规范发展和管理连续制定出台一系列政策文件，使得养老服务产业得到蓬勃发展，成为拉动经济发展、刺激合理消费的新兴稳定市场，同时，国家的一系列政策文件也给对社会养老效果持质疑观望态度的城市老年人注入一针强心剂，在制度环境不断优化及引导下，城市老年人对社会养老服务形式的认同感得以巩固加深。另外，城市老年群体内部相对独立的亚文化也在潜移默化中影响老年个体对社会养老服务的认知与评价，即城市老年人对社区养老、机构养老等养老形式的主观评价与选择偏好具有很大程度的从众特征。一个老年人良好的养老体验往往能够带动或至少影响其周边的一群老年人，并在日常交流共享中不断强化评价认知，逐步明确自身的需求定位，在选择养老服务形式时更多地以能否满足自身需求为首要依据，进而使得医养融合的具体类型和形式呈现出明显的地方特色。例如，部分地方考虑到老年人对于离家要近、照料要细致、看病要及时、周边多熟人的需求，以社区为平台，有效串联起社区卫生服务站、社区养老服务中心、社区志愿服务团队、专业养老机构、三级资质医院等众多类型组织资源[②]，为老年人提供弹性化、定点式的医养融合型养老服务内容，使得老年人养老需求和养老服务供给之间达成准确匹配，满足了新时代老年人的美好生活需要，这在相当程度上体现出老年人养老偏好对医养融合模式的重要影响。

---

① 王莉莉：《中国城市地区机构养老服务业发展分析》，《人口学刊》2014年第4期。
② 杨嘉莹：《结构性嵌入：医养结合在社区居家养老中的实践逻辑》，《哈尔滨工业大学学报》（社会科学版）2017年第5期。

三 城市医养融合发展的长效机制：
一个理论解释的框架

城市医养融合的发展，特别是医养融合机构具体运作模式的选择，在很大程度上取决于宏观制度环境以及不同主体基于自身目标取向和博弈能力而采取的差异化行动策略。以目前有关研究的状况，很难直接套用一种现成的理论框架来解释医养融合现象及其运作模式的演变，即如何既能从理论上比较恰当合理地解释城市医养融合及其运作模式的发展过程，同时又能尽可能地关照到微观实践过程，迄今仍是一个难题。仅对现实的观察而言，可以直观感受到的是，从中央到地方、从政府部门到社会组织、从群体到个人，无论何种维度，似乎总是存在着一股无形的力量，既由内及外又由表及里地推动并逐渐规范着城市医养融合的发展。这种无形的力量就是医养融合发展变迁的客观条件或要素，而它们之间的关系恰恰是需要着重加以解释说明的。根据结构—功能主义的观点，可将城市医养融合现象看成是一种相对独立的系统，而要保障这一系统的良性运作，至少要建立和形成四种机制，即动力机制、整合机制、保障机制和激励机制，用于整合不同主体的行为，使之互相耦合、彼此嵌入，进而推动医养融合由分散走向聚焦、由单一趋于多元，进而有效发挥特定的功能。

具体地说，作为一种相对独立的运作系统，医养融合旨在实现健康养老与社会养老耦合协调的特定目标，因此它始终围绕这一目标展开活动，其过程可以从以下几个方面加以把握：首先，制度环境（主要包括政策规范、市场规则、社会文化）和技术环境（主要包括专业技术和管理技术）决定社会需求的主要方向和紧迫程度，但后者对前两者会产生一定的反作用；其次，社会需求是确立系统目标的基础，但目标的实现程度会反作用于社会需求；再次，系统目标决定系统运行的方向，而运行过程直接影响运行的结果；最后，系统运作状况受系统内外因素的制约，因此有必要建立动力、整合、保障和激励机制，以便调整利益关系，整合发展资源，激发系统活力，保障运行秩序，应对来自内外部的压力（如图2-1所示）。

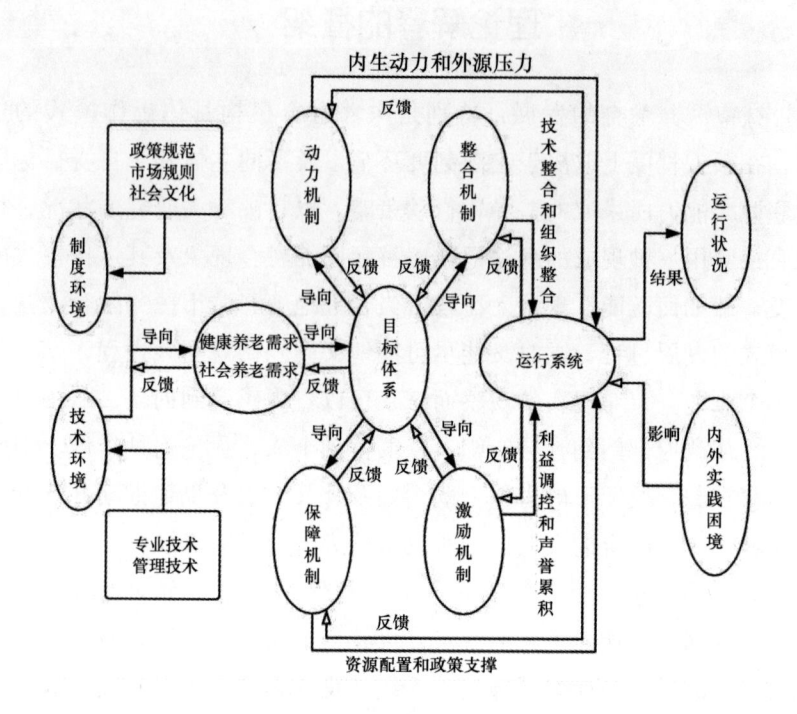

图2-1 城市医养融合系统运作的结构关系

（一）动力机制：内生动力与外源压力

动力机制是医养融合体系发展的首要条件，主要涉及推动医养融合这一新生事物产生发展的动力来源以及各种相关要素之间的相互交织、彼此作用，进而形成相对稳定的增促合力。对医养融合机构及其参与主体而言，动力来源包括内生动力和外源压力。尽管不同主体对医养融合发展可能持有差别化的预期目标，但在内生动力和外源压力的驱动下，它们往往能够采取一致性的行动。

具体来说，医养机构之所以采取相对主动的姿态参与医养融合，一方面，人口老龄化的加速到来使得老年群体对医疗服务和养老服务的一体化需求激增，健康养老产业具备前景可观的潜在市场，为医疗

第二章 城市医养融合参与主体的不同行动逻辑及其整合机制

机构和养老机构的合作提供了直接动力；另一方面，在养老制度改革调整及逐渐定型的过程中，无论何种所有制形式的养老机构或医疗机构，均逐渐褪祛传统的"无偿福利"色彩而被推向市场前沿，面对以营利为核心导向的整体市场环境，纵向上开拓新兴市场、延长服务链条，横向上深化服务质量、培植稳定客源是可供医养机构选择的两条策略路径，而要在规模庞大且竞争激烈的医养机构队伍中脱颖而出，横向策略所需耗费的成本往往超支，与其收益难以达成合理平衡，这对规模较小、实力较弱的民办医养机构而言尤为突出，因此发展医养融合模式不失为医养机构应对成本—收益比较的外部压力的一种优化选择。此外，医养机构也有着较为强烈的自我意愿和自身需求，从医院的角度而言，普通养老机构难以担负医治功能，势必造成大量本应入住养老机构的康复期或慢性病老年病人涌入医院，且在当前的医疗保险报销管理制度中，住院治疗的报销比例远高于门诊治疗，老年人宁肯多次进出周转也要占据医院床位，进而使得康复期或慢性病老年病人挤占了大量医疗资源，导致相对紧缺的医疗资源的不合理利用；而养老机构作为当前提供日常照护服务的核心主体，其相对单一的服务内容供给能力愈发难以满足入住老年人日益多元化的养老需求，其中如何有效回应入住老年人对便捷化、专业化医疗诊断及康复治疗服务的需求，是目前多数养老机构亟待解决的问题，而医疗资源配置匮乏和专业技术人员紧缺使得这一问题在短时间内依靠养老机构的单方面投入难以获得有效破解。因此，医疗机构和养老机构既各有所长，亦各有所短，两者的合作能够为彼此疏导自身服务的供需矛盾，为彼此发展带来巨大益处，这是两者合作的最大动力来源。

与之类似，内生动力和外源压力相交织的思路也适用于阐释政府部门、基层社区以及老年人口在医养融合实践中的动力机制。一方面，从政府合法性维护及效能优化的整体性角度而言，能否快速合理地在全国范围内铺开推广医养融合的策略模式，至少直接关系到两类人群的养老权益问题，一是被传统机构养老模式排斥在外的高龄失能老年人；二是医疗诊治需求难以得到有效满足的机构现住老年人，此外也间接影响到规模更加庞大的老年群体的潜在养老选择，在政府角色职能逐步由社会管控者向服务提供者转型过程中，关注并解决民生问题成为政府工作的重中之重，因此政府部门参与介入医养融合实践符合其组织自身的价值导向，同时也彰显政府以人为本的发展理念。由此可见，医养融合预期目标的实现对于重塑政府形象和公共权威而言亦能发挥出重要的正向促进作用，从而由下至上地进一步巩固政府合法性权威。同时，从各级政府机构、各个职能部门的局部关系来看，政府整合卫生、民政、社保等多个版块的行政资源已推动医养融合走向深入，也在一定程度上为打破相关职能部门之间的条块分割壁垒、优化政府职能、提高运作效率创造了良好契机。另一方面，政府参与介入医养融合实践并不只是受其自身意愿单向驱动的，正如Prechel（2000）所说，组织（主要包括医养机构和其他社会组织团体）也会单独或联合起来对国家的政策和活动施加重要的影响，形成自下而上的倒逼压力，从而引起政府的重视并进一步影响政府决策行为。与此同时，社区组织对医养融合似乎怀有更大的期望，这是由于虽然近年来社区养老模式得到了快速发展，社区老年群体日间照料中心、养老互助志愿团队等多种老年人照顾形式极大地缓解了居家养老照护模式所面临的压力困境，但辩证看来社区养老照护模式实际上是将养老责任变相地分包至社区组织，使得原本就人手紧缺、资金不足的社区陷入更为窘迫的境地，既无力负担专业照护人员队伍的人力成本，也不具备提升服务质量的物力条件，在这种现实境况下，以社区为载体引入社会资本（包括医疗救治资源和养老看护资源）就相应成为社区发挥内部优势、缓解外部压力的优选策略。对于老年人而言，预期寿命的不断延长意味着身体机能的加速退化，获病风险随着年龄的增加而不断加大，因此从经济理性的角度来看，既能治病又能康复还能养老的复合服务模式在理论上是最优选择，这既是老年群体在主观上愿意享受医养融合服务模式的内在引力，也是其拒斥现有单一模式的外在推力。

(二) 整合机制: 技术整合与组织整合

承前所述,城市医养融合模式的发展变迁是一项复杂的系统性过程,其中政府、医养机构、社区、老年人以及其他社会力量等多元主体均发挥着某种促进或掣肘作用,这既受宏观层面制度环境的制约影响,也取决于微观层面不同参与主体的目标取向和行动逻辑。值得注意的是,医养融合的实现并非医疗机构和养老机构二者之间的简单组合拼接,而是医疗资源和养老资源的有序衔接、医疗服务和养老服务的有机统合、供给主体和需求对象的动态平衡,因此实现这个意义上的医养融合模式发展演变,就离不开有效的整合机制来理顺各方利益主体的组织关系,协调各方主体的差异化目标预期,整合形成方向一致、步调统一的推动合力。此外,医养融合整合机制在实践顺序上先发于制度化的安排设计,即医养融合稳定模式的生成及推广在很大程度上依托于整合机制的运作,而且针对医养融合的各项政策安排和制度设计也可视之为整合机制的局部组成部分,成熟、稳定的制度及体制也是在对整合机制的全面把握的基础上做出的。[①]

就当前医养融合实践而言,如何实现功能上的整合是最为直观突出的现实需求,其实质可以归结为技术服务内容的整合问题。当然,技术整合仅仅是医养融合整合机制所解决的表层问题,关键在于能否在医养机构二元主体之间建构起稳定的战略同盟,彼此让渡部分的技术资源,但仅仅依靠医疗机构和养老机构间的单维互动较难使二者之间实现妥协让步并进一步巩固信任基础,包括政府、社区、群众团体等不同类型组织的介入与反馈都可能影响医疗机构与养老机构间的合作基础,因此广义的组织整合对医养融合实践具有更加重要的意义,不仅要实现组织之间的横向整合,更要实现组织内部的各层级部门之间的纵向整合。

从现有的医养融合实践中可总结归类出以下三种不同类型的具体

[①] 张康之:《论组织整合机制中的信任》,《河北学刊》2005年第1期。

整合方式，而在其中起主导作用的整合要素也存有明显差异，一是依托于权威的整合方式，这类方式比较明显地存于正式组织的管理序列中，如上级政府的权力和权威能够保证其对下级政府的行为进行直接指导及管理监督，使下级政府沿袭着上级政府部署的既定轨道规范行事；二是依托于价格的整合方式，即医养融合的参与组织依据市场定价的规则而自主做出进一步的行为选择，主要存在于医养融合服务的供需主体之间；三是依托于信任的整合方式，众所周知，市场竞争和宏观调控都有"失灵"的可能，且二者间还存在暂时性的冲突矛盾，即便将权威整合和价格整合统筹运用起来也不能解决技术、功能和管理上的全部问题，因此基于组织信任的整合方式充当起维系组织合作的黏合剂和润滑剂，有效化解了由组织间地位角色的不平等而导致合作破裂的风险。在目前的医养融合实践过程中，三种整合方式并不是孤立地发挥功能，而是彼此嵌入地共同发生作用，例如医养机构和老年群体之间既存在权威整合（主要指技术权威），也存在价格整合（主要指供给方的定价策略在一定程度上受购买方支付能力和意愿的影响），还存在信任整合（主要指填补权威整合和价格整合产生的刚性缝隙）。

（三）保障机制：资源配置与政策支撑

在医养融合模式演变过程中，保障机制的意义主要有二：一是确保医养融合实践中的参与主体能够切实充分地享受到人力、物力、财力等在内的一系列资源保障；二是不断完善支持医养融合发展的顶层政策框架建构，即为医养融合演变提供实践和政策上的双重支撑。首先，医养融合模式是一种资源的配置模式，目的是实现经济、信息及成果等资源的合理流动与高效运营。[1] 从资源配置的角度来看，养老资源和医疗资源合理嫁接不仅直接干预着医养融合模式的演变方向和

---

[1] 李丹、李晓娇：《公共治理视角下医养融合养老模式探索——以成都实践为例》，《党政研究》2017年第1期。

融合形式，也直接影响到医养融合微观实践的具体效果。在市场机制的作用下，资本及资源具有追逐利润最大化的天然属性，对于医疗资源和养老资源而言亦是如此，但医疗养老事业的公共福利属性又为医疗、养老资源的自由流动设置了诸多框条，并将满足公共需求放置于获取组织利益的前位，因此如何在履行组织功能的前提下实现资源最优的整合动员便是保障机制运行的关键核心之一。在理想状态下，医养融合资源配置机制应当充分发掘医养机构的自觉性，并辅以来自政府以及第三方部门的监管调控，但就目前来说，医养机构为最大限度地争取资源甚至不惜承担越轨行为的后果风险，部分地区还出现各种形式的变相"套保""骗保"行为①，由此说明当前的资源配置机制尚不成熟完善，与理想式的资源配置保障机制相比仍有不小差距。从政策支撑的角度来看，医养融合作为新兴的养老服务样态，其不断趋于制度化的有序发展有赖于相关配套政策的完善程度以及执行力度，一方面为医养融合实践的参与主体指明发展方向，汲取借鉴改革试点的发展经验，避免或尽量少走弯路；另一方面也为规范各方参与主体的市场行为提供有效依据，依托硬性政策标准的落实执行进而逐步建构合作共识，保障医养融合的长效持续发展完善。总体而言，医养融合模式演变的保障机制既调整政府与市场的关系，也干预其他相关组织或个体的博弈互动及行动选择，是促使医养融合模式不断趋于理性合理的底线要求。

（四）激励机制：利益调控与声誉累积

在某种程度上，医养融合模式是医疗服务制度和养老服务制度有机结合的纽带，而两种制度的相互作用蕴含着医养融合模式变迁和供给—消费—监管等多主体的激励机制。②承前所述，保障机制在促进

---

① 孟颖颖：《我国"医养结合"养老模式发展的难点及解决策略》，《经济纵横》2016年第7期。
② 高春亮、毛丰付、余晖：《激励机制、财政负担与中国医疗保障制度演变——基于建国后医疗制度相关文件的解读》，《管理世界》2009年第4期。

医养融合模式不断改善的过程中发挥着一定程度的兜底功能，而激励机制则可视为保障机制的进一步补充，重点关注的是如何更为高效地整合资源、凝聚动力、提升效率，进而激发医养融合模式演变的内生动力。[1] 我们可以从以下两个层面来理解医养融合的激励机制：首先是针对组织之间的外部激励机制，其中涉及的主体关系包括政府行政体系的激励机制，即在行政压力性政治指令的策略方式之外，还可考虑运用给予绩效奖励、树立模范典型、公开通报表扬等多种方式，使政府及其相关职能部门可以借助推动医养融合发展而得到上级认可或优化公共形象，此外，激励机制对于医养融合实践的微观执行主体而言更为重要，尤其是对医疗机构、养老机构以及社区组织，即通过激励机制的调整优化，使得相关组织机构要么得"利"，要么得"名"，实际上是以某种形式的激励来赢得组织发展的基本条件和生存空间，例如医养融合开展效果较好的组织机构可以简化相关执照的审批程序、享受一定的税收优惠、国家专项资金的优先补贴、优秀经验的官方宣传等等；另外是针对个体群体层面的内部激励机制，重点回应的是医养融合基层实践中专业人才缺乏和消费对象不稳的困境，理论上应当建构两套特色鲜明且切实有效的激励体系，即针对提供医养融合服务的个人群体，可借助职业资格认定、福利待遇改善等方式吸引专业技术人才，增进职业化人员队伍的稳定性，针对医养融合服务的目标消费群体，则可尝试提供包括简化费用报销手续、提高服务消费补贴等方式来鼓励、引导城市老年人的消费意愿，不断稳固医养融合服务模式的潜在市场，推动形成"供给—推广—消费—反馈—改进"的良性循环体系。

四 小结

城市医养融合在我国虽然起步较晚，但大致也经历了三个发展阶

---

[1] 李长远、张举国：《我国医养结合养老服务的典型模式及优化策略》，《求实》2017年第7期。

段，即萌芽阶段、试点阶段和整合推广阶段。在此过程中，逐步形成包括国家、地方政府有关部门、医疗机构、养老机构、社区、老年群体等在内的多元主体参与的格局。这些主体在医养融合体系中的地位、角色不同，追求的目标与所承受的环境压力不同，因而行动逻辑也各不相同：国家的调控行为遵循制度安排的平衡逻辑和国家意志的象征逻辑；地方政府有关部门的管理行为遵循科层制权责边界的分割逻辑以及压力传导的应对逻辑；组织机构的合作行为遵循资源共享与功能互补的合作逻辑和规则约束与利益分歧的冲突逻辑；老年群体的消费行为遵循被动效应和主动效应的消费偏好逻辑。由于不同主体有着不同的行动逻辑，因而在城市医养融合的实践场域中形成了一个复杂的行动系统，进而推动了城市医养融合具体运作模式的演变。从结构功能主义的基本观点出发，城市医养融合现象可以看成是一个相对独立的系统。为保障这一系统的良性运作，必须建立至少包含动力机制、整合机制、保障机制和激励机制在内的运作条件，并使之互相耦合、彼此嵌入，从而推动医养融合具体运作模式由分散走向聚焦、主体由相对单一趋向更加多元，这一过程实际上也是制度变迁的过程。

第三章 广西城市医养融合机构的发展及其典型运作方式

本书第二章主要从理论上讨论了城市医养融合模式演变的一般机制，重点阐明医养融合参与主体的不同行动逻辑如何推动具体运作模式的变迁，同时从新制度主义理论的角度勾勒出城市医养融合体系的结构关系图，并按照理想类型法对该系统的运作机制提出一个抽象化、模拟化的解释。为了对前文提出的理论解释逻辑进行必要的印证，本章以广西为例，从医养机构的发展入手，首先对城市医养融合在全区各地的具体实践过程及其特征进行简要介绍，而后重点通过对三家典型机构的两种具体运作模式的比较分析，说明机构运行方式的发展趋势。

一 广西城市医养融合机构发展的主要背景和基本脉络

（一）广西城市医养融合机构产生的宏观背景

广西自1996年开始步入老龄化社会，是全国进入人口老龄化社会较早的省区之一。截至2020年，广西共有常住人口5019万人，其中65周岁及以上人口占全区常住人口的12.2%。由此可见，广西已达到老龄化社会的标准。就未来发展趋势而言，广西的老年人口规模还将继续扩大。而广西在1996年进入老龄化社会时，人均GDP仅有3706元，比全国人均GDP水平低2192元；到2020年，广西人均

第三章 广西城市医养融合机构的发展及其典型运作方式

GDP 为 44309 元，比全国人均 GDP 水平低 27691 元。[①] 此外，在城市化水平、文化教育、社会保障体系等方面与全国平均水平相比，广西处于较低发展水平，这使得在应对人口老龄化问题时面临更为复杂和严峻的挑战。

面对严峻的老龄化趋势，广西先后出台《关于促进养老服务业加快发展的实施意见》（桂政发〔2014〕58 号）、《关于建设养老服务业综合改革试验区的意见》（桂政发〔2015〕33 号）、《关于推进医疗卫生与养老服务相结合的实施意见》（桂政发〔2016〕82 号）、《关于全面放开养老服务市场提升养老服务质量的实施意见》（桂政办发〔2017〕129 号）[②] 等有关促进医养融合发展的指导性意见及政策，这些意见或政策结合广西当地实际，从经济发展布局上对促进和推动医养融合及养老产业发展进行规划。《关于建设养老服务业综合改革试验区的意见》提出："广西依托独特的生态、气候、区位优势和特色资源，在全国率先创建'养老服务业综合改革试验区'，试验区重点打造'一核四区'，其中，'一核'是指南宁养老服务业综合改革核心区，'四区'包括桂西养生养老长寿产业示范区、桂北休闲旅游养生养老产业示范区、北部湾国际滨海健康养老产业示范区和西江生态养老产业带示范区；意见提出到 2020 年，基本建成功能完善、覆盖城乡的养老服务体系。"[③] 2016 年以来，广西南宁、柳州、桂林、梧州、北海、玉林、河池、贺州 8 个市开始规划养老产业集聚区。2017 年 3 月，广西政府印发《广西健康产业三年专项行动计划（2017—2019 年）》（桂政办发〔2017〕37 号），"明确近三年广西健康产业发展的目标任务，要求到 2019 年，基本建立起与广西经济社会发展水平相匹配，与人民群

[①] 广西壮族自治区统计局、国家统计局广西调查总队：《广西统计年鉴（2021）》，中国统计出版社 2021 年版，第 49、60、67 页。

[②] 广西壮族自治区民政厅编：《广西养老服务业综合改革试验区政策汇编》，中国社会出版社 2017 年版，第 233—275 页。

[③] 广西壮族自治区人民政府办公厅：《关于建设养老服务业综合改革试验区的意见》（桂政发〔2015〕33 号），载《广西养老服务业综合改革试验区政策汇编》，中国社会出版社 2017 年版，第 243—245 页。

众需求相适应的内涵丰富、体系完整、结构优化、布局合理的覆盖全生命周期的健康产业体系;建设一批具有核心竞争力和影响力的大型企业,健康产业成为新常态下推动我区经济社会持续健康发展的重要产业"①。

随着广西养老服务"一核四区""六大产业"等规划建设的深化推进,医疗资源、养老资源及其相关产业随之得到不断优化,将为新型养老服务体系建设提供强力支撑;随着产业政策的深入推进,不断推动医养融合资源的市场化和规模化,为促进医养融合实践提供更为坚实的基础。与此相应,作为医养融合载体的医养机构也必然会逐渐涌现。

(二) 广西城市医养融合机构发展的微观基础

近十年来,随着生活水平的提升和家庭结构及代际观念的变化,老年人对优质医疗服务的需要日益迫切,广西医疗、养老服务也在快速推进,现代医疗和信息技术不断进步,所有这些都为广西医养融合机构的发展提供了微观基础。

一是老年人对优质医疗服务的高度需求。经过改革开放四十多年的发展,广西的经济发展水平和人均纯收入已经得到了大幅提升,2020年广西GDP达22156.69亿元,较2010年增长159.07%;2020年广西城镇居民和农村居民人均可支配收入分别为35859元和14815元,较2010年增长110.14%和226.11%。与此同时,广西2020年城镇居民人均养老或离退休金达6452元;广西2020年城镇单位在岗职工的年平均工资为86111元,较2010年增长170.43%。② 在生活水平得到改善的同时,良好的社会环境给老年人带来了更先进的健康消费理念,老年群体中的自我保健意识逐渐增强,最直接的影响就是他们对优质医疗服务的需求愈发迫切。老年群体的观念转变以及对健

---

① 邹榕:《健康广西在行动》,《广西经济》2017年3月30日第4版。
② 广西壮族自治区统计局、国家统计局广西调查总队:《广西统计年鉴(2021)》,中国统计出版社2021年版,第67、78、121、123页。

第三章 广西城市医养融合机构的发展及其典型运作方式

康的追求预示着医养融合服务市场具有极大的需求潜力和发展空间。

二是广西医疗、养老服务的持续快速发展。医养融合是将养老资源与医疗资源进行有效整合的新型养老模式，可以更好地满足老年人医养一体化的需求。广西医疗、养老服务的快速发展最主要表现在医疗资源和养老资源不断增加、医疗水平和养老服务水平不断提升。其中，医疗资源主要包括医护人员、医疗机构、医疗床位、医疗设施以及装备及知识信息等要素，养老服务资源主要包括城镇职工养老保险、城镇居民基本养老保险、养老服务机构及专门养老床位等要素。通过对《广西国民经济和社会发展统计公报》（2019年）及《广西卫生健康事业发展情况简报》（2020年）的查阅，广西近年来与医养融合相关的医疗资源及养老服务资源统计数据如图3-1和图3-2所示。

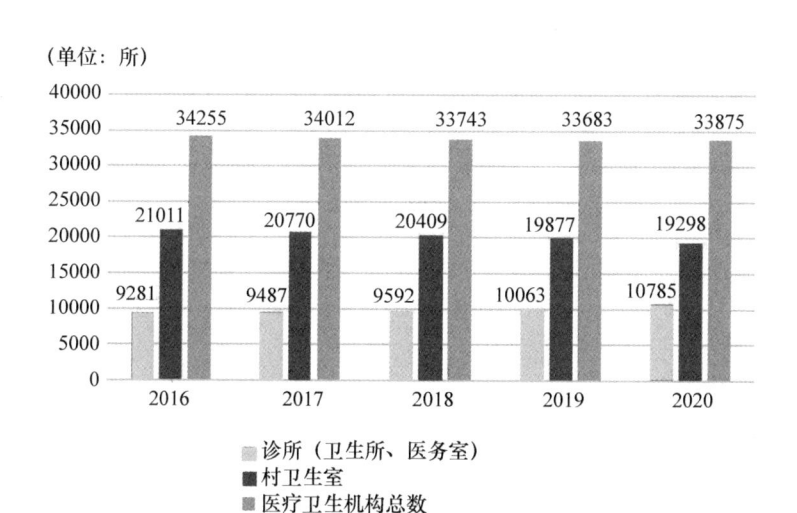

图3-1 2016—2020年广西诊所、村卫生室、医疗卫生机构总数数量变化

数据来源：《广西国民经济和社会发展统计公报》（2016—2020年）及《广西卫生和计划生育事业发展情况简报》（2016—2020年）。

◇ 城市医养融合养老模式的理论与实践

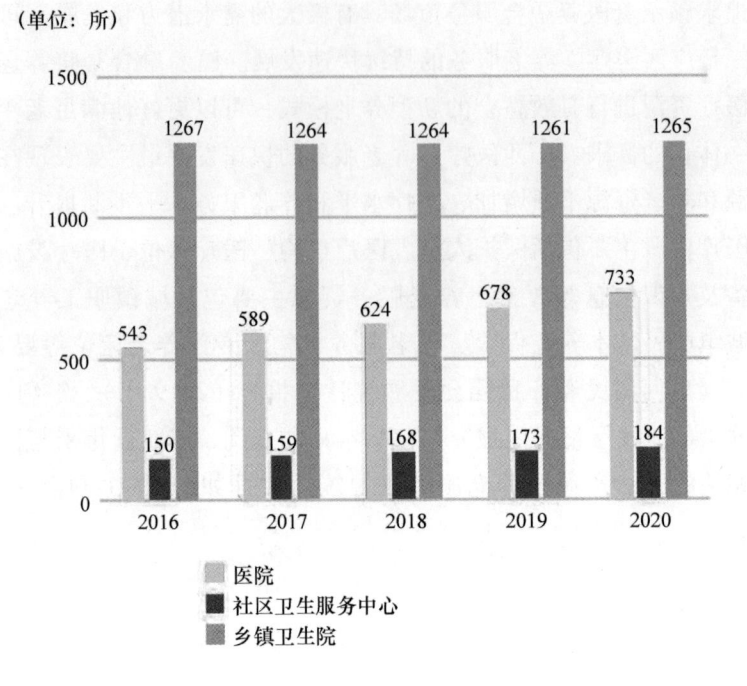

(单位: 所)

图中数据:
- 医院: 2016年543, 2017年589, 2018年624, 2019年678, 2020年733
- 社区卫生服务中心: 2016年150, 2017年159, 2018年168, 2019年173, 2020年184
- 乡镇卫生院: 2016年1267, 2017年1264, 2018年1264, 2019年1261, 2020年1265

图 3-2　2016—2020 年广西医院、社区卫生服务中心、
乡镇卫生院数量变化条形图

数据来源：《广西国民经济和社会发展统计公报》(2016—2020 年)及《广西卫生和计划生育事业发展情况简报》(2016—2020 年)。

　　由图 3-1 可见广西各级医院数量呈稳步增长，乡镇卫生院和社区卫生服务中心的数量基本上保持平稳。而医疗卫生机构的总数则在 2016 年至 2020 年间稍有回落。

　　图 3-3 呈现了 2016—2020 年广西卫生监督所（中心）的数量变化，可见广西卫生监督所（中心）数量基本保持稳定增长，2020 年较上一年的增幅最大。图 3-4 是 2016—2020 年广西卫生服务人员数量的变化，其中包括广西执业医师和执业助理医师、注册护士及卫生技术人员总数的变化，可见三类卫生服务人员的人数变化都呈稳定增长态势，其中 2020 年广西执业医师和执业助理医师数量较 2016 年增长 29.8%，2020 年广西注册护士数量较 2016 年增长 36.6%，2020

年卫生技术人员总数数量较2016年增长28.3%。图3-5是2016—2020年广西乡镇卫生院、医院和医疗卫生机构总床位的数量变化，可见均呈稳定增长态势，其中2020年广西乡镇卫生院床位数量较2016年增长20.5%，2020年广西医院床位数量较2016年增长36%，2020年广西医疗卫生机构床位总数量较2016年增长31.6%。

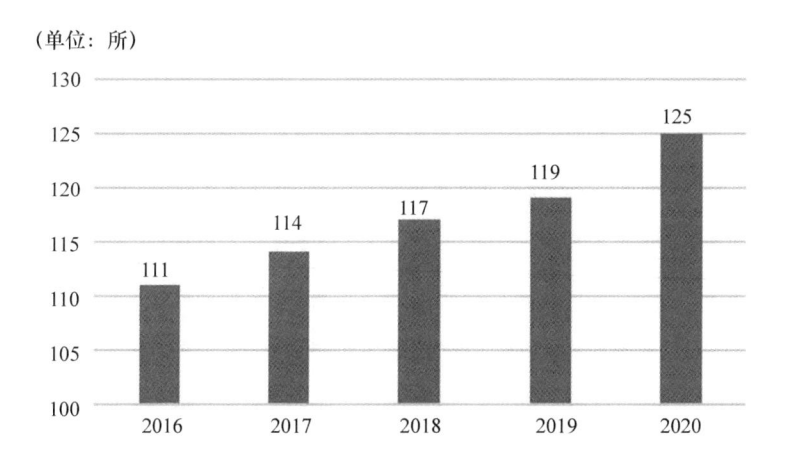

图3-3　2016—2020年广西卫生监督所（中心）数量变化

数据来源：《广西国民经济和社会发展统计公报》（2016—2020年）及《广西卫生和计划生育事业发展情况简报》（2016—2020年）。

图3-6是2016—2020年广西参加城镇职工养老保险及参加城镇居民基本养老保险人数变化，可见均呈稳定增长态势，2020年广西参加城镇职工养老保险人数较2016年增长22.3%，2020年广西参加城镇居民基本养老保险人数较2016年增长37.6%。

图3-7呈现了2019—2020年广西养老服务机构数量的变化，可见呈稳定增长的趋势，2020年较2019年增长8.66%。图3-8呈现了2019—2020年广西养老专门床位的数量变化，可见呈增长趋势，2020年较2019年增长21.17%，达到26.9万张床位。

◆ 城市医养融合养老模式的理论与实践

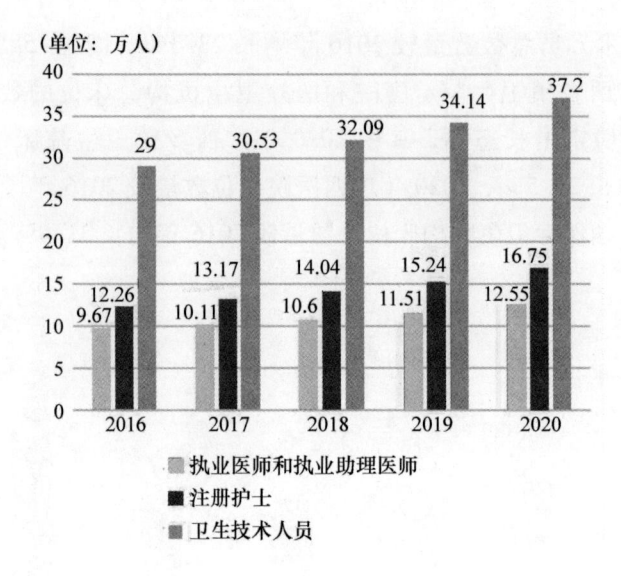

图 3-4 2016—2021 年广西卫生服务人员数量变化

数据来源：《广西国民经济和社会发展统计公报》（2016—2020 年）及《广西卫生和计划生育事业发展情况简报》（2016—2020 年）。

图 3-5 2016—2020 年广西乡镇卫生院、医院和医疗卫生机构总床位数量变化

数据来源：《广西国民经济和社会发展统计公报》（2016—2020 年）及《广西卫生和计划生育事业发展情况简报》（2016—2020 年）。

(单位：万人)

图 3-6 2016—2020 年广西参加城镇职工养老保险及参加城镇居民基本养老保险人数变化

数据来源：《广西国民经济和社会发展统计公报》（2016—2020 年）及《广西卫生和计划生育事业发展情况简报》（2016—2020 年）。

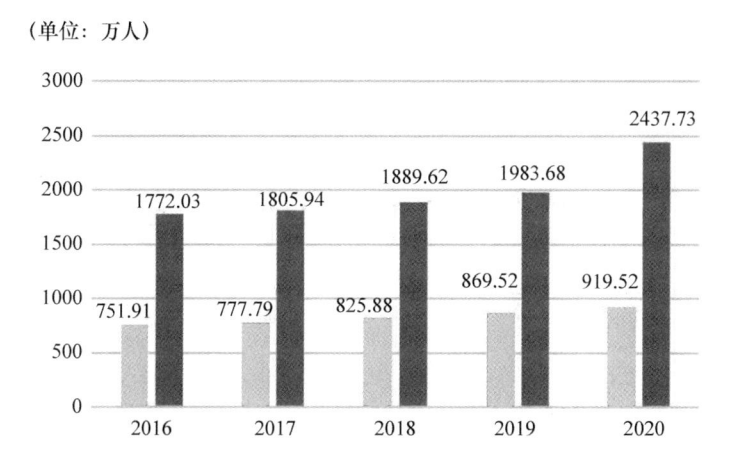

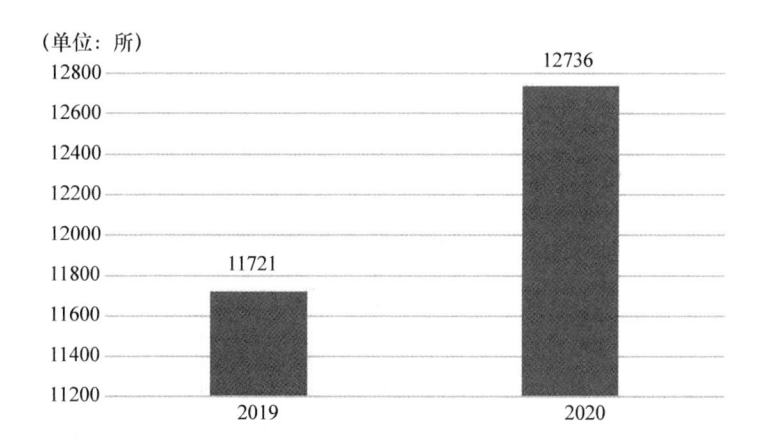

(单位：所)

图 3-7 2019—2020 年广西养老服务机构数量

数据来源：《广西国民经济和社会发展统计公报》（2019—2020 年）及《广西卫生和计划生育事业发展情况简报》（2019—2020 年）。

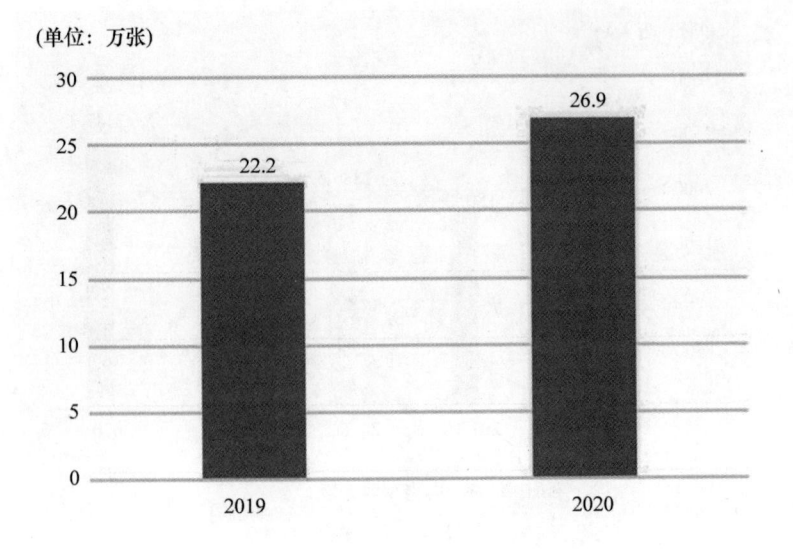

图 3-8 2019—2020 年广西养老专门床位数量

数据来源：《广西国民经济和社会发展统计公报》（2019—2020 年）及《广西卫生和计划生育事业发展情况简报》（2019—2020 年）。

从以上数据分析得出，不论是医疗发展水平还是养老服务发展水平，广西在 2020 年已达历史新高，并呈现出持续稳步的发展态势，显著提升的医疗发展水平和养老服务水平为未来进一步推进医养融合的实践和发展奠定了良好基础。

三是广西现代医疗及信息技术的进步。进入 21 世纪，现代医疗技术突飞猛进，这些先进技术在医疗、养老、保险等领域的广泛应用，为医养融合的发展提供了强有力的支撑；随着互联网技术而来的物联网工程以及基于云计算的大数据技术的运用，为医养融合的发展提供了重要的信息处理和共享平台。与医养融合发展密切相关的卫生、民政、社保等政府管理部门，有望通过现代信息技术打破部门壁垒，保证各种信息的有效传递和共享；养老机构与医疗机构通过信息技术平台能够实现快速的"双向转诊"服务；养老机构、医疗机构与社保系统通过信息技术平台能够实现数据共享；通过信息化平台，借助互联网开展智能养老服务，可以有效缓解医疗资源和养老资源严重不足的困境，逐步解决养老服务供给和需求不匹配问题，对需要不同医疗和养老资源的老年人进行分流，建立智能健康档案，跟踪老年人的疾病动态，提供及时的、相匹配的服务。广西壮族自治区人民政府办公厅发布的《关于推进医疗卫生与养老服务相结合的实施意见》（桂政办发〔2016〕82号）提出强化信息支撑，要求探索基于互联网的医养结合服务新模式，提高服务的便捷性的针对性。其后，广西壮族自治区人民政府办公厅发布的《关于全面放开养老服务市场提升养老服务质量的实施意见》（桂政办发〔2017〕129号）提出推进"互联网+"养老服务创新，要求依托智慧城市网络建设，发展智慧养老服务新业态。《广西养老服务业发展"十三五"规划》提出，加强养老服务业信息化、标准化、规范化建设。当前，已有多家养老企业和社会资本纷纷在广西推行智能软硬件，推动物联网、云计算、大数据等与医养服务业结合发展。[①]

（三）广西城市医养融合机构发展的基本脉络

医养融合的发展与我国人口老龄化进程及社会养老服务体系的发展密切相关，广西也不例外。广西的医养融合经历了从零星自发摸索到有组织自觉探索发展、从被动反馈式无序发展到主动作为有序发展的历程，这个历程实际上也反映了其载体——医养机构发展的基本脉络。

1. 行动自觉：从零星自发摸索到有组织自觉探索发展

20世纪八九十年代，广西的老年人口也逐年增多，老年人对医疗服务及养老服务的需求也越来越强烈，个别养老机构为了更好地满足老年人的需求，也尝试通过与医院合作的方式为机构内的老年人提供医疗服务，如柳州市柳北胜利老年公寓、北海市海合老年公寓都通过与医院合作，不同程度地满足了机构中老年人的医疗需求。此外，如前文所述，部分公办的医疗机构由于不再享受指令性指标，组织营

[①] 韦静：《广西将全面放开养老服务市场》，《南宁日报》2017年10月11日第3版。

利能力迅速降低，为了生存发展，便转型为兼具医疗功能和养老功能的医养融合机构，以寻求生存空间和发展机会。这是广西城市医养融合最初的零星自发摸索阶段。

在国家及地方政府系列政策交互作用之后，广西对医养融合实践开始进行有意识的、有组织的、自觉的探索发展时期。2011年，广西发布《广西国民经济和社会发展第十二个五年规划纲要》①中就明确提出在"十二五"期间"将养老产品作为生命健康产业重点开发项目，积极发展养老服务业，建立健全养老保险制度，建立养老服务体系，鼓励社会资本兴办养老服务机构"，这是广西首次提出建立养老服务体系的概念，也是广西医养融合社会养老服务体系初步探索期的开始。从2011年开始，广西的社会养老服务体系得到了初步的基本建设，与医养融合相关的政策重点在健全养老保险制度及新农合医疗补贴补助、养老机构及养老床位改扩建等方面，取得的成果就是养老服务机构、养老床位数量有了极大增长，养老保险制度得到逐步覆盖。这是对医养融合的实践进行有组织自觉探索时期。

2. 主体担当：从被动反馈式无序发展到主动作为有序发展

在国家先后出台一系列促进养老服务改革发展的背景下，广西结合实际，出台了相关政策措施，开始从被动反馈到主动作为，并进入有计划发展时期。2015年7月，广西壮族自治区人民政府办公厅发布《关于建设养老服务业综合改革试验区的意见》（桂政发〔2015〕33号），指出"要创新养老服务业发展模式，探索养老服务业及相关产业协调融合发展的方式、方法及路径"，在针对深化养老服务改革问题中特别提到要"深化养老机构改革、创新养老服务形式和推进医养融合发展"，还要"大力推行'医养融合、康护一体'模式"。同时，在试点先行期，广西的社会养老服务体系建设较初步探索期得到了进一步的发展，"医养融合，康护一体"成为推广模式，南宁市、

---

① 佚名：《广西国民经济和社会发展第十二个五年规划纲要》，《广西日报》2011年5月19日第1版。

第三章 广西城市医养融合机构的发展及其典型运作方式

贺州市和百色市分别成为第一批、第二批国家级医养结合试点单位。2016年7月,为进一步推进全区医疗卫生与养老服务相结合,广西壮族自治区人民政府办公厅发布《关于推进医疗卫生与养老服务相结合的实施意见》(桂政办发〔2016〕82号),要求到2017年"初步建立医养结合政策体系、标准规范和管理制度,半数以上的养老机构能以多种形式提供医疗卫生服务;到2020年,基本建成覆盖城乡、功能齐全、布局合理的医养结合服务网络,所有养老机构能够以不同形式为入住老年人提供医疗卫生服务"。并根据自治区各单位职责划定工作重点任务分工,细化工作任务,将医养结合方式具体化。试点先行期取得的成果就是将广西的"医养融合"实践发展为一种可推广模式,在"一核四区"试点中获得可推广经验,从广西的实际出发试图补上社会养老服务机构缺少的医疗服务短板,同时也继续提高广西的医疗服务水平和养老服务水平建设。

为全面推动广西养老服务业综合改革试验区建设,2017年9月13日,广西壮族自治区人民政府办公厅印发《关于全面放开养老服务市场提升养老服务质量的实施意见》(桂政办发〔2017〕129号)(以下简称《意见》),《意见》的出台标志着广西医养融合社会养老服务体系建设进入全面开放期,《意见》将打通医养结合绿色通道作为重点工作任务,由自治区卫生计生委、人力资源社会保障厅牵头,民政厅、广西保监局按职责分工,负责医养结合工作,并指出要通过新建及原有医疗机构转型等方式发展康复医院、老年病医院、护理医院等机构,"推动二级以上医院与养老医疗机构间的转诊与合作,提高基层医疗卫生机构护理床位占比和服务能力,支持有条件的医院设立相对独立的养老机构,鼓励医疗机构将护理服务延伸至居民家庭"。在全面开放期,广西的社会养老服务体系建设和医养融合的发展将迎来新的发展机遇,可以说广西的医养融合发展正站在一个新的历史起点上,各相关主管部门将进一步明确职责,各项医养融合的工作任务将具体、细化,与前两个阶段最大的不同是明确了加大金融机构对医养融合领域的支持力度,将逐步建立多层次长期照护保障体系,到

2020年"培养一批医养结合知名品牌，打造一批竞争力强、满足多元需求的医养结合产业集群"。

总之，随着广西医养融合实践主体的意识觉醒以及担当精神的不断强化，医养融合经历了"从零星自发摸索到有组织自觉探索发展"和"从被动反馈式无序发展到主动作为有序发展期"的转变，这个双重转变的实质是国家和地方政策交互作用下广西医养融合实践发展演变的基本脉络。

二 广西城市医养融合机构发展的主要特征

在政府持续推动和市场驱动下，广西医疗资源和养老资源得到整合优化，全区积极开展医疗卫生与养老服务相结合的试点工作，多种医养融合模式并存发展，都在不同程度上为老年人提供了及时、方便、快捷的医养服务，提高老年人获取医疗及养老服务的连续性和可负担性，改善了老年人的生活质量和健康水平，社会对医养机构的满意度得到有效提升。可以说，目前广西医养融合服务已取得了阶段性发展成效，初步建立了医养结合政策体系、标准规范和管理制度，老年人健康养老服务的可及性明显提升。但广西人口老龄化进程不仅跟城市化、现代化紧密相连，而且跟经济转轨、社会转型交织在一起，跟城乡差距、收入差距扩大相重叠，人口老龄化形势的严峻程度、老龄化问题的特殊程度和老龄化工作的紧迫程度前所未有。面对人口老龄化给经济社会发展带来的重大挑战，由于广西医养融合服务仍处于起步阶段，医养融合体制机制尚不健全，发展医养融合服务还有很多与新形势、新任务、新需求不相适应的困难和问题。

（一）目标定位模糊　发展策略薄弱

广西医养融合的发展目标是在目前广西人口老龄化问题严重这个大环境下，通过整合医疗资源和养老服务市场来解决老龄人口的养老医疗问题，到2020年配合建立起覆盖面广、治疗水平高、功能完善

第三章　广西城市医养融合机构的发展及其典型运作方式

和收费合理的现代化养老服务体系。在功能定位上,医养融合将作为广西养老服务体系建设的重要部分,始终贯穿在广西养老服务发展的各个方面。但在政策文件指导和具体实施的过程中,广西所进行的医养融合试点和实践的目标都非常模糊,缺少一个中长期的全面布局和建设计划,很多规划和指导意见发布后效果不明显,甚至难以达到预期水平。

在医养融合本身的实践过程中,也存在差异发展策略薄弱的情况。所谓差异发展,就是根据不同地区的资源禀赋、环境容量、市场状况、产业基础等具体条件,选准适合不同地区的优势项目加快发展,对于广西医养融合的发展来说,不论是现实要求、内在要求还是历史必然,差异发展都是必由之路。在前文广西医养融合宏观背景的介绍中曾提到广西人口老龄化超前于现代化,而且广西是全国贫困县集中的地区,这就意味着广西内部各个区域的经济发展和基础条件本身就是不平衡的,对于养老服务水平的需求是不一样的,开展医养融合的进程也是不一致的,这就需要因地制宜来推动医养融合的实践。要完善医养融合的差异发展策略,就必须积极正确地处理好以下四个关系:首先,积极处理好试点建设和全面铺开的关系。在国家卫生计生委办公厅和民政部办公厅发布的《关于确定第一批国家级医养结合试点单位的通知》(国卫办家庭函〔2016〕644号)中,明确"各省(市、区)要积极探索地方医养结合的不同模式并积累经验、逐步推开",目前广西的南宁市、贺州市和百色市都是国家级医养结合试点单位,应从这些具有代表性的试点城市进行差异发展实践,试点的目的是将来能把试点经验在广西全面铺开,所以要完善好试点的类型和方式,注意总结试点经验,这将有利于广西本土发展的经验在全区推广。第二,积极处理好当前发展和长远发展的关系。在着力解决医养融合当前发展的突出矛盾和问题的同时,要注意各个环节、各个机构及部门的统筹规划问题,要对医养融合涉及的各个方面进行科学规划,并坚持将规划作为发展的总指挥,树立起时刻牢记现代化养老服务体系的建设目标。第三,积极处理好城镇发展和统筹城乡的关系。

在推行医养融合实践中，要将城镇与农村的医养结合服务作为一个整体，统筹解决。不能因为农村的条件差、基础设施落后而延后发展，脱贫攻坚不仅要在经济上脱贫，也要在医疗养老服务保障上跟进。在经济相对欠发达的县级地区进行医养融合工作要以县城为核心，并以中心乡镇带动一般乡镇，以各个乡镇带动各个村屯，实现全面的"老有所医"。第四，积极处理好加快发展和改善民生的关系。必须正确认识发展医养融合的重要性和必要性，相关监督部门和提供服务的主体尤其不能将其作为单纯的量化工作去完成，在加快发展的同时也要认真落实惠民政策，做到既能稳定发展，又能改善民生。

（二）政策文本滞后 部门条块分割明显

从近年来广西与养老服务及医养融合相关的政策文本来看，不论是关于社会养老服务体系建设，还是关于医养融合的相关政策，其政策文本都是相对滞后的，这对机构的发展明显是不利的。例如，2012年出台的《广西壮族自治区创新农村养老服务体系建设工作方案》，其中针对广西农村养老措施的改善只是从一些基本的硬件设施条件去进行，仅从文娱设施、活动场所和养老机构的建设上增加相关预算经费，涉及养老医疗方面的条款只是帮助推广新农合，与养老医疗相关的政策相当不完备，未能从根本上触及广西养老的真正需求。在2012年10月由广西民政厅印发《关于开展社会养老服务体系建设推进年活动暨实施敬老爱老助老工程工作方案》，其中计划到2015年广西拥有专门社会养老床位20万张，但从《广西国民经济与社会发展统计公报》（2015年）可以看到，2015年广西专门社会养老床位仅为15.3万张，与预期目标仍差4.7万张，与预期相差近四分之一，这意味着当时的政策没有很好地结合实际发展趋势去制定，在后期的执行过程中也没有按计划完成。2013年6月广西壮族自治区政府发布的《广西社会养老服务体系建设规划》（2011—2015年）中，计划到2015年实现广西每千名老年人拥有养老床位30张，但到2015年年初，广西每千名老年人仅拥有养老床位18.54张，仅达到预期发展目标的 61.8%。从这些相关的政策文本中，无论是文本内容还是有关完成预期的数据上看，广西社会养老服务体系建设和医养融合的相关政策都是滞后的。除此之外，这些政策文本中大部分还存在着"部门条块分割显著""片面响应国家相关政策，缺乏对自治区人口老龄化解决的先行探索"和"将持续的财政支持政策放在首位，缺乏相关有针对性的顶层设计"等诸多问题。

与医养融合关系最紧密和最突出的就是"部门条块分割显著"问题。在广西进行医养融合的探索中，许多实际的行政管理和具体服务问题涉及多部门联合完成，这就存在着部门之间职责交叉过多的问题，导致在政策执行中存在效率低下、资源分配不均等一系列后果。首先，医养融合主抓部门行动不统一。在组织领导上，广西进行医养融合的主抓部门是自治区卫生计生委和自治区民政厅，作为与社会养老服务和医疗相关的项目，医养融合应当有统一的领导小组，负责沟通和协调两个主抓部门的交叉业务，可是却未见成立；在文件下达上，近年来多个部门的文件仅仅指出本部门的工作范围和内容，涉及跨部门合作的内容很少，只在2016年的《关于推进医疗卫生与养老服务相结合的实施意见》中才首次正式列出"医养结合"中各个有关部门的重点任务责任清单，但涉及各部门的工作量化目标却未列出。其次，在广西各市县执行不统一。各个相关文件中，只从宏观布局上为广西医养融合做好规划，但并未根据广西各市县的实际情况来制定基层的任务，导致一些政策在广西各市县执行不统一，并且在2016年《关于推进医疗卫生与养老服务相结合的实施意见》才开始要求各地、各相关部门要建立考核评估体系，才有针对性地选择指标进行考核。

（三）合作方式机械 交易成本高昂

传统的养老服务机构提供的服务内容相对单一，一般是负责照顾老年人的衣食起居，有条件的养老机构还能提供如养生讲座、基本预防等健康知识讲座，但却难以提供合格甚至优良的医疗服务。广西养老服务体系建设的短板与全国其他地区一样，都是养老服务的养、护、医三大功能相互不统一，机构内缺乏医疗护理职能，这已日益成为制约养老机构乃至整个养老服务业发展的瓶颈之一。而导致广西医养融合发展中出现医养衔接程度不高的最主要原因就在于由于合作机制及利益协调机制不健全，机构之间的衔接、合作不够顺畅，合作方式机械，合作方容易随意退出合作，因此不能将医疗资源与养老资源高效利用起来，很难满足老年人对高质量医疗甚至最基本的服务的需求。

"医养融合的实质是通过医疗机构和养老机构的合作，促进医疗资源与养老资源的融通，最终解决'养老院看不了病'、'医院养不了老'的现实难题，因此双方无疑具有一定的共同利益。但对于医疗机构和养老机构而言，合作双方的利益并不完全一致，而且资源类别、存量和质量等方面也存在差异。从交易成本学派的观点看，双方的合作实际上是一种交易，要维持这个交易需要付出一定的成本——包括协调成本和激励成本。交易成本之所以产生，是因为交易双方的理性都是有限的，交易过程中的信息不对称使投机行为成为可能，相应的'道德风险'也由此产生。为了消除或降低这种风险，交易双方往往都会通过一系列的制度设计，采取各种防范措施来保障自身的利益，从而产生所谓的交易成本。这种成本的高低，主要取决于交易内容（产品或服务）的专用性，同时也与交易的复杂性和不确定性具有密切的关系。就目前而言，医疗机构和养老机构之间合作或说交易不仅在内容上具有较高的专用性，而且交易过程的复杂性和不确定性也较强，交易成本相应也较高。这种情形，不仅使医疗机构和养老机构之间建立合作关系面临相当大的困难，而且即便建立了合作关系，其脆弱性也相当明显。"[①] 笔者在对广西南宁、北海等地医养融合养老机构调查过程中也发现类似的问题，合作双方往往更侧重于对各自所处的环境的要求做出反应，使彼此在合作目标、方式、内容等方面难以达成真正的共识，于是常常出现若即若离的现象。

---

① 陈宇：《医养融合的内在冲突及其制度化途径》，《学术论坛》2017年第2期。

（四）消费者认同度低　市场发育不成熟

根据2014年广西民政政策研究中心发布的《广西医养结合养老服务模式调查研究报告》（以下简称《广西医养结合报告》）的数据显示，许多养老机构入住老年人对医养融合模式及其服务有认同偏差，主要体现在以下两个方面：首先是对养老服务机构产生认同偏差。在《广西医养结合报告》中，在对老年人进行"选择养老机构的原因"调查时，"65.8%的老年人认为选择哪家养老机构入住是由子女意愿说了算"，仅有"12.4%是因为看病方便"，并且"6.9%是因为自己的意愿"（见图3-9）。

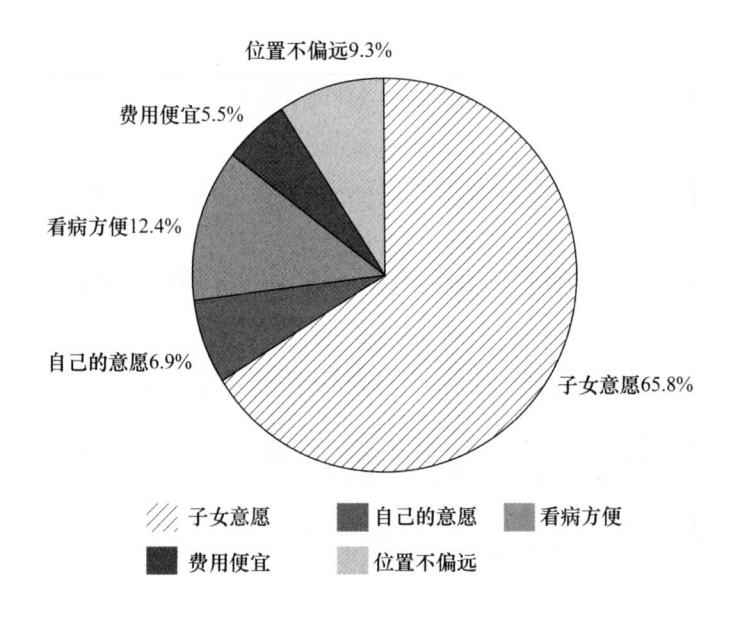

图3-9　老年人入住养老机构动机分布比例饼状图

数据来源：韩元利：《广西民生保障热点问题研究》（2015年），中国社会出版社2015年版，第14—20页。

这从侧面反映出被调查中的绝大多数老年人（93%以上）不愿意主动选择和入住养老服务机构，并且在入住时他们没有主动选择权，看病方便也只是一小部分老年人选择入住养老服务机构的主要原因。究其深层原因就是在老年人对社会养老服务机构进行社会认知的过程中，由于受到认知双方及环境因素的互相影响，他们对养老服务机构发生认同偏差。而这种认同偏差最主要受到的影响有两种：养老服务机构发展和管理没有统一标准和关于养老服务机构的负面新闻太多。长期以来，我国养老服务机构发展建设并没有统一的标准，直到2014年，在我国进入人口老龄化社会15年后才出台《关于加强养老服务标准化工作的指导意见》，这就一度造成政策出台前社会养老服务机构出现管理混乱的现象，出现"养老院老人受虐""管理不善导致火灾""管理不善导致食物中毒"及"养老院成'死人院'"等等许多负面新闻，导致社会养老服务失去社会信任，并在社会大众心中形成"送老人去养老院就是不孝"的片面社会认同。而这些负面言论往往会形成晕轮效应、成见效应，并逐步发展为负面的社会刻板印象，所以就导致作为认同主体的老年群体对认同客体的社会养老服务机构造成认同偏差。而对养老服务机构的医疗服务产生认同偏差，体现在《广西医养结合报告》中，就是问及被调查老年人关于他们对疾病的处理方式时，"49.8%的人选择找机构医护人员，21.7%的人选择去大医院看病，14.6%的人选择自己买药，7.1%的人选择不处理或去医保定点医院看病，5.4%的人选择去附近诊所就诊"（见图3-10）。

同时，在《广西医养结合报告》中，在有关年均医疗费用调查的方面，"33.9%的老年人年均医疗费用在1000元以下，26.0%的老年人年均医疗费用在1000—2000元，14.8%的老年人年均医疗费用在2000—3000元，13.4%的老年人年均医疗费用在3000—10000元，11.9%的老年人年均医疗费用在10000元以上"（见图3-11）。

从图3-10和图3-11可以看出，一是近半数以上的养老服务机构的老年人在生病时不找本机构的医护人员去治疗；二是在养老服务机构入住的老年人的年均医疗费用低于同期广西出院病人人均医疗费用（4661.69元）。这就出现了一个矛盾，虽然养老服务机构的医疗费用低，但有近半数的老年人选择机构外治疗或不治疗，造成这样的

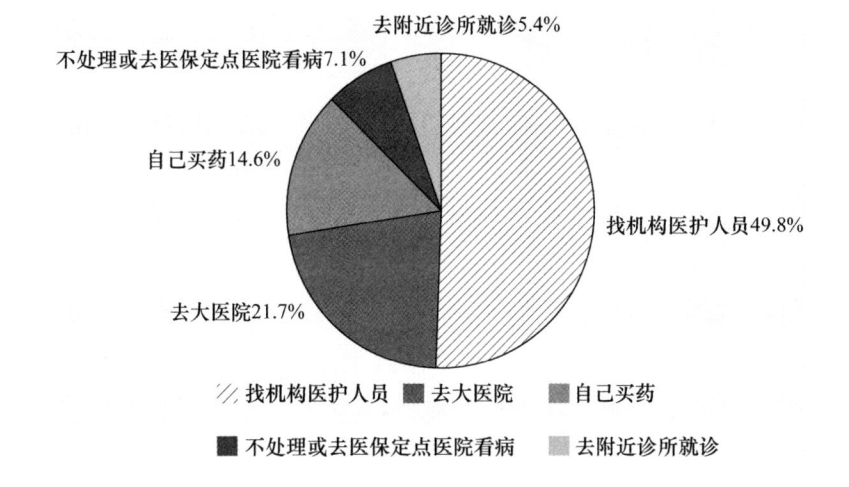

图 3-10　养老机构入住老年人疾病处理方式选择比例

数据来源：韩元利：《广西民生保障热点问题研究》（2015年），中国社会出版社2015年版，第14—20页。

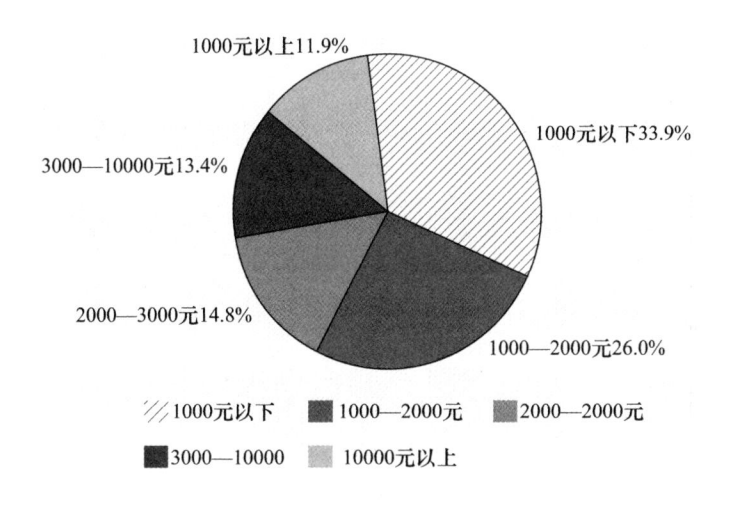

图 3-11　养老机构入住老年人年均医疗费用金额

数据来源：韩元利：《广西民生保障热点问题研究》（2015年），中国社会出版社2015年版，第14—20页。

原因除了大多数养老服务机构不是医保定点单位外，主要是和老年群体对养老服务机构的认同偏差一样，主观上先入为主，认为在养老服务机构中的医疗服务不专业，形成认同偏差。

在养老服务机构的市场化开发方面，普遍存在服务内容单一和市场化开发效率不高等现象。目前，广西大多数社会养老服务机构都能很好地完成"老有所住"，硬件设施建设基本完善，但在"老有所娱"和"老有所为"的建设上，却普遍存在着老年人缺少心理疏导和缺少精神文化。市场化开发就是按照社会主义市场经济的规律和要求，按照企业化经营模式对养老服务机构进行外部资源调配，由市场决定服务内容和价格，实现利润最大化。当前，广西政府采取一次性建设补贴及床位运营双重补贴的方式鼓励养老机构发展，但这种财政补贴对广西的养老服务体系建设在短时间能见到效果，对体系建设有一定的帮助，但对于建设时间长、覆盖面广、社会影响大的养老服务体系建设来说，"输血"远不如自身"造血"，高度的市场化才是广西养老服务体系建设的唯一出路。在《广西医养结合报告》中的结论部分，提到"广西养老床位总量不足并存在供需结构性矛盾"，"民营资本进入养老服务行业的积极性表现不高"，针对这些客观存在的矛盾和问题，2017年9月广西区政府发布《关于全面放开养老服务市场提升养老服务质量的实施意见》，专门针对养老服务市场发展进行统一规划，以期全面提高市场化水平。

三 广西城市医养融合三家典型机构的运作方式及其功能比较

（一）三家典型机构的两种运作模式：延伸模式与协作模式

如前所述，尽管广西医养融合机构为数不少，但比较具有代表性的是广西重阳老年公寓、桂林夕阳红养老中心和北海海合老年公寓。而这三家机构的运作模式基本也代表了全区同类机构的运作方式，其中前两者采取延伸模式，后者实行合作模式。

第三章 广西城市医养融合机构的发展及其典型运作方式

1. 延伸模式

延伸模式是指原来不具有医疗功能的养老机构或不具备养老功能的医疗机构，通过对自身医养融合需求及医养资源的评估后，通过在机构内部建立医疗机构或养老科室，实现医疗功能或养老功能内部化，以满足老年人的医养一体化需求的医养融合结构形态。这种模式主要包括几种形式：一是养老机构内设医务部、护理部等医疗机构，为入住老年人提供医养一体化的服务；二是医院设立养老科室，为老年人提供一体化的医养服务；三是医院进行结构和功能性转型，转型为医护型的养老机构；四是医疗机构托管养老机构。广西重阳老年公寓和桂林夕阳红养老中心就是通过扩大组织结构实现功能延伸的典型个案。

（1）广西重阳老年公寓发展历程

广西重阳老年公寓成立于2003年12月，是由广西民政厅利用福利彩票公益资金投资建设、广西中医药大学护理学院独立运营管理的一所公建民营养老机构。公寓占地面积30亩，建筑面积2.38万平方米，绿化面积达57%，内设床位550张。

第一阶段：有限的医生提供有限的医疗服务。

由于公寓是由广西中医药大学护理学院负责运营管理，这个天然优势使得公寓自开业起，就注重把基本的医疗服务引入养老服务当中。正如公寓杨副院长介绍：

> 公寓刚开业时，尚不具备成立医务室的条件，而且入住的老年人以高龄且患慢性疾病的自理老年人为主，因此公寓只是配备了有限的医生提供医疗服务，在当时，绝大部分养老机构都不具备给入住老年人提供医疗服务的能力，因此我们公寓很受老年人及家属欢迎。（个案115）

但是，公寓提供的医疗服务还是远远不能满足老年人的需求。2006年，公寓成立了医务室，可以使用门诊医保，主要为老年人提供常见内科疾病的治疗,以及急重疾病的转诊。该阶段的医务室处于一种"等老人上门看病"的状态,是一种楼上养老、楼下看病的医养融合服务模式,完全按照卫生行政管理部门的要求开展医疗活动。医务室的成立提高了公寓医疗服务的能力,但是对老年人而言,不够便捷。正如公寓办公室李主任所言:

> 完全卧床的老年人一旦有病,看病就非常不便利,预防保健工作没法开展,无法满足老年人的健康需求,老年人对医疗服务的满意度也较低。(个案116)

但总的来看,公寓成立医务室在接诊实践中积累了一定的医疗、护理实例经验,为之后成立重阳护理医院打下了坚实基础。

第二阶段:"床边治疗"服务。

为了提高老年人的医疗服务满意度,公寓增加了医生、护士,并安排医生、护士到病床为老年人提供医疗服务。公寓为老年人建立了健康档案,重点监控老年人慢性非传染性疾病,对适合在公寓治疗但行动不便的老年人开展床边治疗,对急重症老年人展开公寓内急救、及时转诊。这一阶段的医养融合从被动等老年人上门转为主动到床边诊治,老年人慢性病得到有效控制,失能老年人就医较以前便利了,因此老年人对公寓的医疗服务满意度有了很大提高。但是这种"床边治疗"服务是一种违规行为,公寓面临着合法性危机,正如公寓杨副院长介绍:

> "床边治疗"服务对老人而言是获益了,但是使我们公寓的医疗服务成本加大了,而且床边治疗的行为超出了卫生执业许可范围,是一种违规行为,是卫生部门不允许的行为。此外,由于公寓不能使用住院医保,老年人为了报销医疗费用,不得不选择转院治疗,就要经常往返于医院和公寓之间,给老年人的就医和生活带来极大的不便。(个案115)

随着入住公寓老年群体人数的逐年增加，公寓内老人的医疗服务需求缺口变大，而医务室已无法满足正常的医护需求。为解决公寓面临的合法性危机，同时为解决公寓内医疗服务资源紧缺的问题，以满足老年人的医疗服务需要，重阳老年公寓的领导班子多次到国内养老服务示范点如青杠老年护养中心、广州市老人院等地考察，决定在公寓原有基础上成立一家新的医疗机构。

第三阶段：重阳老年公寓内成立重阳护理医院。

公寓按照护理院建设的标准，通过招聘医务人员、引进医疗设备、完善各种设施、从500多张养老床位中划出80张床作为医疗用床等措施建设南宁市重阳护理医院，并通过验收，重阳护理医院在2014年9月正式挂牌营业。重阳护理医院的成立实际上是广西中医药大学护理学院在多年运营管理老年公寓的过程中，随着技术条件的成熟与市场需求，才得以建立的，其成立开创了广西在养老机构中创办"医疗机构"进行医养融合模式探索的先河。重阳老年公寓的组织结构因此发生了变化，即发生了水平分化——组织规模变大了，组织功能也发生了相应的变化。公寓有重阳护理医院、护理部、医务科、后勤部、财务科、膳食部、社工部、质控部等9个部门，员工222人，其中医生36名，护士94名，护理员42名，行政人员22人，后勤保障等其他工作人员28人。重阳老年公寓作为广西养老服务机构中规模最大、设施最完善的养老服务机构之一，共有养老床位600张，入住率达95%以上。公寓在老年群体入住时，对老年人的生理、心理、社会等健康因素开展检测、评估，根据老年人的身体状况实行分区管理，提供相应的日常生活照料及医疗护理康复等服务。通过实行健康管理，老年人在生理、心理及社会行为等方面得到更好的照护，在住老年人的患病率不断下降，生活质量不断提高，老年人对公寓的服务满意度达到了95%。

重阳护理医院为公寓开展医疗活动提供了法律保障，需要进行治疗的老年人可以从养老床转入护理院的医疗床，待病情好转再转回公寓养老床。这样一来，老年人就排除了因转诊而难以保留养老床位的风险。但是广西重阳老年公寓虽然通过建设医疗机构满足了执业要求，在一定程度上具备了合法性，但由于医养融合配套政策不到位，医保定点资格没有获得，大部分老年人在治病时仍然选择到具备医保定点资格的医院就诊。因此，公寓很大程度上并没有给老年人带来便利，而且公寓的生产成本和交易成本大大增加。公寓杨副院长谈道：

> 我们大概投入了600多万元建设重阳护理医院，而且招了很多医务人员进来，但是我们的收益跟不上来，我们一直到现在都没有获批住院医保，人社厅不批准。没有住院医保，老人就不愿意在护理医院住院，宁愿到费用更贵的综合医院治疗，因为那里医保可以报销。我们的成本太高了，公寓每年向广西民政厅缴纳场地租金230万元，并实行每隔两年按10%的比例提高租金，这笔费用对我们而言负担也非常重。现在机构的收益除了给员工发工资，根本没有盈余用于基础设施的改善。很多硬件设施老化了，比如电梯，但是没有办法，我们没有维修或重新装修的经费。而且我们发现所购买、引进的新设备，有部分用得非常少，有些设备老人很少用，但是成立医院又必须购买。招进来的医务人员待遇一般，而且发展很受限制，招进来不久就有员工离职，医务人员不稳定，我们留不住人才。（个案115）

第四阶段：公寓走向市场化运作模式。

2016年，公寓决定成立广西重阳养老服务集团，尝试模拟公司化运作，运用公司运营管理体制管理公寓，各部门实行公司化管理，循序渐进，逐步形成规范的公司。集团将改革目前公寓的直线管理架构，以总公司和分公司的形式进行管理，成立医疗、护理、膳食、社工、物业、营销六大分公司，各公司均独立运营，面向市场进行招标，逐步走向多元主体合作的格局。其中，重阳护理医院服务对象不再限于入住机构的老年群体，也对社会老年人开放，增加了公寓收入。公寓杨副院长谈到这方面，很是感慨：

第三章 广西城市医养融合机构的发展及其典型运作方式

> 在一个养老机构里面办一个医院，成本太高了，划不来，成本都不知道要多久才能收回来。办不了医保，老人不愿意在这里治疗护理。对外经营后，收入稍微提高一些。我们有广西中医药护理学校做后盾，与很多养老机构相比，是有资源优势的。一般的养老机构按卫生部门的要求办一个医务室都难，更别说一个医院。（个案115）

总之，重阳老年公寓通过创办一个功能及医疗设施相对完备的、医护人员达到一定数量并达到一级医院以上资质的医疗机构，来实现养老机构的医疗服务功能，是一种典型的基于组织结构扩张进而实现组织功能内生的医养融合延伸模式。

（2）桂林夕阳红养老中心发展历程

第一阶段：桂林冶金疗养院转型为桂林夕阳红养老中心。

创建于1958年的广西区桂林冶金疗养院是广西工业和信息化委员会直属事业单位，是广西最早的疗休养基地。与国内大多数疗养院的发展情况相似，在计划经济年代，广西区桂林冶金疗养院的发展基本依计划运行，疗养指标由上级主管部门计划分配，依靠政府、工会等拨款运转，主要负责承担具有国家福利性质的广西各厂矿企业职工的健康疗养、健康体检及职业病疗养服务。疗养院的建设、设备引进、职工工资均由上级主管部门负责。随着市场经济体制的建立，各厂矿企业有了自主权，上级不再安排指令性疗养指标，疗养服务社会化了，疗养指标转向市场，因此，桂林冶金疗养院就失去了运营发展的社会条件。当时出于多种原因国内疗养市场普遍不景气，疗养院的经济效益严重下滑，广西区桂林冶金疗养院几乎到了濒临破产的边缘，急需产业调整和转型升级。疗养院医疗部黄副主任认准未来人口老龄化社会带来的巨大养老需求市场，认为把疗养院转型为养老机构是一个很好的出路，他积极地跟疗养院领导沟通，最后获得了领导认可，并于1998年6月18日在原广西区桂林冶金疗养院原有的疗养服务基础上成立了桂林夕阳红养老中心，黄副主任于 2000 年起担任院长。由于创业之初疗养院已濒临破产，因此创建之初仅开放 30 张养老床位，配套设施十分简陋，交通也不便利，开业半年只有 3 人入住，前三年的常住老年人也只有 30 人左右，没有任何盈利，发展非常困难。但是养老中心的院长坚定养老服务在未来是非常有市场的，笔者在访谈陈院长时，他谈道：

> 我以前在疗养院负责营销工作，从 1996 年起，我就捕捉到人口老龄化带来的市场商机，我花了很多时间逐个跟领导沟通，说服领导办养老院，直到 1998 年 6 月 18 日才成立了夕阳红，非常不容易。最初是认准这个行业有市场商机，进入这个行业以来，又跟老人结下了深厚的缘分，也希望能够为天下儿女尽孝、为亿万家庭分忧，所以我从 1996 年坚持到现在，期间有多次提拔和转岗赚更多钱的机会，我都放弃了。我希望在养老行业真正探索一条好路子，获得社会认可。（个案 119）

在院长的带领及柳州钢铁集团的投资下，广西区桂林冶金疗养院累计筹措资金 8000 万元对养老中心进行维修升级改造，按二级医院的医疗资质配备相应的医疗设备及医务人员，老年群体的常见疾病在院内就可以得到治疗。此外，养老中心还有多个康复理疗室及活动室，开办有旅行社及老年大学。随着养老中心的升级改造，入住率逐年提升，收益也逐年增长，目前已经实现盈利。经过多年的发展，养老中心目前有床位 800 张，床位使用率保持在 85% 以上，员工 200 多人，养老中心推出了康复型养老、旅游型养老、候鸟型养老、养生型养老等特色服务，全国每个省区、港澳台及东南亚国家均有老年人入住。

第二阶段：投资成立桂林仙源健康产业股份有限公司，走向多元化合作。

2014 年 12 月，广西柳州钢铁（集团）公司在广西区桂林冶金疗

第三章 广西城市医养融合机构的发展及其典型运作方式

养院的基础上,投资成立了桂林仙源健康产业股份有限公司,注册资本1亿元,出资人为广西柳州钢铁(集团)公司、柳州钢铁股份有限公司、广西区桂林冶金疗养院和柳州市兴佳房地产公司,由柳钢集团控股,总部设在桂林。目前公司旗下有桂林夕阳红养老中心和柳钢逸康颐养中心两个子公司。桂林夕阳红养老中心为抢占桂林市社区养老、居家养老服务市场,进一步提高其社会知名度,依托自身"医养融合"发展优势,2016年成立了以康复保健、健康管理、日间照料等为主要形式的居家养老服务中心,将养老机构的专业服务输入社区,期待能够有效实现老年人、社区、养老机构的对接。

2016年5月,夕阳红居家养老服务中心与社区合作,建立了第一个社区服务站点——夕阳红居家养老服务中心将军桥社区服务站,打响了夕阳红养老中心进军社区养老、居家养老服务领域的"第一枪"。桂林夕阳红养老中心覃副院长表示:

> 从效益而言,当前建立社区养老服务站的主要目的不是在站点实现盈利,老年人的消费水平非常有限,我们难以在社区实现盈利,我们希望通过站点对养老中心进行宣传,吸引社区老年人前往养老中心养生养老。通过社区服务站,目前平均每个月可以为养老中心输送5位老人入住养老,这个经济价值还是比较可观的。(个案115)

目前,夕阳红养老中心打造集养老、医疗护理、康复、休闲、旅游为一体的现代化养老机构的目标已初见成效。当前,桂林仙源健康产业股份有限公司力图做大做强健康养老产业,计划继续投入资金60亿元,在全国建设10个养生养老基地和100个社区养老服务中心,总床位超过1万张,其中在桂林投入资金10亿元建设3000张养老床位和30个社区养老服务中心(含一所500张床位的康复医院)。从桂林夕阳红养老中心医养融合发展历程来看,广西区桂林冶金疗养院通过转型为养老机构,获得了创新发展。但值得注意的是,养老中心得以迅速发展的一个重要原因就是来自柳钢集团的大量社会资本投入，并通过公司化运营实现了盈利和发展。

不管是广西重阳老年公寓，还是桂林夕阳红养老中心的医养融合模式，都是一种典型的基于组织结构扩张进而实现组织功能内生的医养融合延伸模式。这种模式就是通过养老机构配建医疗机构、医疗机构配建养老机构或医疗机构转型为医养融合机构来实现医疗和养老服务的一体化。随着机构的发展，广西重阳老年公寓及桂林夕阳红养老中心都走向了公司化运作的多主体合作模式。

2. 协作模式

协作模式是一个或多个养老机构和医疗机构通过建立合作关系，实现医疗资源和养老资源相互嵌入的一种组织结构形式，即组织关系互嵌[①]的模式。北海市海合老年公寓与北海市博铧医院的合作就是一种典型的组织关系互嵌的模式。

第一阶段：海合老年公寓与博铧医院独立运营不同业务。

海合老年公寓成立于2008年，是广西北海市海城区民政局出资建设、广西老年基金会运营管理的一所公建民营养老机构，公寓前身是北海市海城区综合福利院，是北海市海城区民政局的下属事业单位，2008年北海市海城区民政局对福利院进行公建民营改革，把经营管理权交给社会。公寓占地面积18亩，建筑面积2734平方米，绿化面积率达80%。目前有医生1名，护士4人，护理员36人，管理及后勤保障等其他工作人员17人。公寓每年负责政府兜底的20名五保户，并且向北海市海城区民政局缴纳场地租金12万元。截至2017年，海合老年公寓共内设养老床位200张，入住率达90%以上。从海合老年公寓的收住对象上看，失能半失能老年人约占70%，自理老年人占30%左右。公寓内设有一个医务室，医生主要负责查房，处理老年人最简单的疾病，如果发现病人病情较严重后，才通知家属对

---

① "互嵌"即"相互嵌入"，形容不同部件之间通过相互咬合及依靠从而成为一个新的整体，在社会学意义上更多是指一种关系结构。参见刘清发、孙瑞玲《嵌入性视角下的医养结合养老模式初探》，《西北人口》2014年第6期。

病人进行转诊治疗，这对老年人的疾病治疗非常不利。海合老年公寓没有足够的医疗设备、技术、医护人员对公寓生病的老年人进行诊治，而这恰恰又是公寓在激烈的市场竞争中提升竞争力的必备因素。公寓在对老年人各个环节的需求和服务进行总体分析后，明确必须在整个服务产品供应链条上集成老年群体所需的医疗服务以适应老年人医养一体化需求，因此迫切需要与医疗机构进行合作，将医疗资源融入养老服务，以提高养老机构的入住率和竞争力。海合老年公寓的刘院长在接受访谈时说：

> 当时海合的老人病了，就靠公寓仅有的一个医生开点药吃，效果不好。但是久病床前无孝子，如果老人有点不舒服就通知家属带去医院看，刚开始家属还积极，次数多了家属也很疲惫，很多时候都说没关系的，老人就是这样，让公寓的医生开点药吃就行。所以医生一般是发现病人病情比较严重才通知家属，老人辗转奔波看病非常累，而且如果他出去的时间久，我们也不能帮他保留床位，他出院后又会面临没有床位的问题，因此家属也很为难。我当时就想，如何才能让入住的老人得到更好的医疗服务？自己办医务室不现实，没有这方面的财力，也招不到医生。我尝试跟公立医院协作，但是公立医院不积极，怕出纠纷。后来我就找到博铧医院，说服他们的院长跟我合作。（个案110）

博铧医院成立于2005年，是一所按照二级甲等医院标准建立的综合性民营医院，医院共有职工150余人，其中中高级职称员工占30%以上，是北海市城镇居民保险、城镇职工保险、新型农村合作医疗保险及120急救中心定点医院。博铧医院是民办医院，居民普遍对民办医院不够信任，在客户资源的争夺上与公立医院相比明显处于劣势，就诊病人数量有限，空余的床位和设备没有得到有效的利用，因此迫切需要开发新的病号源，以实现医疗机构闲置资源的再利用，提高医院的收益。博铧医院的张院长谈道：

老百姓更喜欢到公立医院看病，所以我们这种民营医院很多时候业务空闲，床位入住率也不高。如果医院长期无法盈利，今后医疗设备和医疗人员的引进将会困难重重，不利于未来发展甚至被市场淘汰，而选择与养老机构合作恰恰能够克服医院客户资源不足、医疗队伍不稳定等问题。（个案 112）

第二阶段：海合老年公寓与博铧医院协同合作。

为了在激烈的市场竞争中占据优势，2013 年，海合老年公寓和博铧医院以客户需求为导向签订合作协议，积极协同合作探索医养融合模式。双方期望通过对养老与医疗需求进行密切合作、有效衔接，使双方达到利益共赢，实现在各自的市场竞争中效益最大化。在合作当中，博铧医院派出由医生及护士组成的医疗团队长期入驻海合老年公寓提供医疗及巡诊服务，满足海合公寓医疗服务需求，海合公寓中的急病、重病老年人和其他需要住院的老年人能通过绿色通道直接进入博铧医院"医养中心"进行及时治疗，急病或重病期过后的老年人进入康复期后能迅速转回老年公寓继续接受康复治疗；海合老年公寓派出专业护理团队进驻博铧医院提供老年康复服务，博铧医院免费提供设施和床位，海合老年公寓按照养老服务标准收取护理费用，博铧医院把医养中心老年人 10% 的医疗费用返还给海合公寓用于海合公寓的设施建设。

海合老年公寓与博铧医院进行的协作模式，是一种基于组织关系互嵌的医养融合模式。海合老年公寓与博铧医院的组织关系互嵌就意味着两个机构形成了资源优化配置的一种紧密的要素联动关系，促成一种彼此交结、彼此融汇、你中有我、我中有你多层次镶嵌的稳固关系。医养机构的组织结构因此发生了变化，成为一个新的联合体，医疗机构和养老机构经历了"接触与磨合—接纳与认可—互动与嵌入"的关系互动，联合体内各主体的功能由单一走向了多元。

在海合公寓和博铧医院互嵌融合协作中，双方通过服务功能的互

第三章 广西城市医养融合机构的发展及其典型运作方式

补来完成合作关系，通过派驻医疗团队、双向转诊等方式有序地完成养老资源和医疗资源的衔接、交互和嵌合。张副院长在接受采访时很自豪地谈道：

> 海合老年公寓是广西首家跟医疗机构一起合作搞医养结合的养老机构。老年人因此受益了，家属也满意，也更放心把老人交给我们。（个案111）

对于博铧医院而言，通过医养融合模式合作共享了海合老年公寓的老年客户资源，扩大了业务范围，增加医院经济收益，避免了由于自身规模不大和民办医院的性质而被市场淘汰的危机，且对于医院发展而言，选择同公益性养老机构合作，将更加有利于医院社会声誉的提高，无形中增加了医院的合法性。正如博铧医院的张院长所言：

> 我安排了一层楼专门给海合的老人进行护理，我的收入增加了。通过老年人的入住，更多人知道我这个民营医院了。原来很多人不会来我们这种民营医院看病的，有一些老年人的家属慢慢认可我们医院，自己生病了也到我们医院看病。（个案112）

2017年9月，广西卫计委和民政厅发布《关于确定自治区级医养结合试点单位的通知》（桂卫家庭发〔2017〕1号），将海合老年公寓所在的北海市海城区确定为自治区级医养结合试点单位，可以预见海合老年公寓与博铧医院这种医养融合协作模式将会在上级指导下不断完善，为广西乃至全国医养融合模式的建设提供宝贵经验。

总之，无论是延伸模式还是协作模式，其运作的共同点都是通过组织结构的变革，促使组织功能增加，提升自身医养一体化综合服务能力。延伸模式是原来不具有养老或医疗功能的医疗机构或养老机构，在一定条件下，培植出养老或医疗功能。协作模式是为解决医疗机构或养老机构自身资源不足而搭建的一种组织合作关系，通过双方或多方合作进行资源优势互补，实现医疗资源和养老资源的整合。

（二）两种运作模式的功能比较：正负功能与显隐功能分析

上文已阐述，目前我国医养融合实践以延伸模式和协作模式两类最为典型，它们的组织结构各有差异，因此各自的组织功能也是有区别的。这两种模式是具有不同组织功能的组织现象，为此，笔者用结构—功能主义分析法对医养融合延伸模式和协作模式的结构与功能进行审视，以厘清两种模式的各自特点及优劣。结构—功能主义分析法是社会科学用来分析社会现象常用的一种方法，它主要用来解释一种社会现象如何满足社会系统各个子系统的需要，即该社会现象对社会系统各个子系统都发挥了何种功能。无论组织设计出怎样的结构，每一种组织结构都实现着四种功能，即正功能与反功能、显功能与隐功能。[1] 正功能在该组织结构中的作用一般有利于实现组织目标，而如果组织结构的某一部分阻碍组织满足其需求，则被视为具有反功能。[2] 而"显功能是有助于系统的调整和适应的客观后果，这种调整和适应是系统中参与者所预料所认识的；与隐功能相关的是没有被预料也没有被认识的客观后果"[3]。正负功能及显隐功能的交叉分析是功能分析最重要的基本取向，尤其是对隐功能当中负功能的分析能引导功能分析考察社会问题和社会变迁现象，"一项社会制度除了显现在外的正功能以外，常常会附带产生一些没有意料到的副作用，这种潜在后果可能导致系统的紧张和紊乱，它们积累到一定程度就被确定为社会问题，就有可能威胁到原有的结构，为了消除这些威胁，不得不建立新的补偿结构，从而刺激社会努力变革，导致社会结构的变迁"[4]。无论我国城市医养融合机构的组合形式如何，都可以把它看成是一种

---

[1] 贾春增：《外国社会学史》，中国人民大学出版社2008年版，第200—203页。

[2] ［美］戴维·波普诺：《社会学》，李强等译，中国人民大学出版社1999年版，第85—86页。

[3] ［美］罗伯特·K.默顿：《社会理论和社会结构》（增订本），唐少杰、齐心等译，译林出版社2015年版，第105页。

[4] 贾春增：《外国社会学史》，中国人民大学出版社2008年版，第200—203页。

第三章 广西城市医养融合机构的发展及其典型运作方式

组织，因而自然也是社会系统的一个重要组成部分。对医养融合机构而言，借助结构—功能主义的基本理论和方法对医养融合机构的结构和功能进行审视，对医养融合机构达到"有效应对技术环境和制度环境的压力"这个目标无疑大有裨益。

1. 正负功能的比较

无论是养老机构还是医疗机构，长期以来都是单一主体发展的模式，这种模式在应对人口老龄化过程中都出现了"养老不看病"或"看病不养老"的功能缺失。而延伸模式和协作模式都在一定程度上满足了养老机构的老年人获得专业医疗服务的需求，都通过各自的方式缓解了传统的养老机构不能看病和医疗机构不能养老的矛盾。因此，不管是以单一主体主导的延伸模式，还是以多元主体相互嵌入的协作模式，其目标都指向医疗资源和养老资源的融合，以实现老年人的医养一体化需求。此外，两种模式都使养老机构在提供医疗服务时满足了执业要求，一定程度上具备了合法性。从这两方面而言，两种模式在正功能上是高度一致的，也是与政策导向及社会公众的期待相统一的。尽管这两种模式在政策导向方面有统一的地方，但更值得我们关注的是在共同目标的指引下，不同模式导致的正负功能有何差异。功能分析认为，不同社会结构在其特殊机制实施的过程中，必然会导致不一样的客观后果。那么，延伸模式与协作模式在践行医养融合这一目标过程中，各自所采取的结构性手段以及客观环境因素都会影响最后医养融合的结果。

（1）正功能比较

在两种典型模式的正功能差异上，由于两种典型模式各自结构的差异，在功能上也是有区别的。

对于延伸模式而言，由于是基于自身发展需求和市场生存的驱动，其首要目标是谋取自身发展，因此通过在组织内部加设医疗或养老机构能在一定程度上提升自身的经济效益。在传统的养老机构当中，机构收益主要是床位费、生活费和护理费，每位老年人的费用一般不会超过2000元，可盈利点非常低；然而通过建设医院（护理院）

进行功能延伸的医养融合服务后，养老机构的医疗服务水平得到大幅提升，护理收费也有所提高，再加上治疗费作为收益，大大提高了养老机构的运营能力，也增加了经济效益。

对于协作模式而言，由于组织架构整体合作性特征的需要，通过与其他机构进行资源差异性合作，打破了区域内养老机构和医疗机构"各自为政"的局面，从而在更大范围内组织和利用资源。第一，提升了医疗机构和养老机构的运作效率。对于大医院而言，联合有一定实力的养老机构可以减少老年病人的长期住院人数，提高医院床位周转率、使用率，避免有限医疗资源被不合理运用，这在一定程度上缓解了"看病难，看病贵"的问题，让有限的优质医疗资源用在刀刃上，提高医疗资源有效利用率，同时也减轻了国家医疗保险资金的负担。对于小医院而言，在老年人慢病治疗方面与养老机构合作则提高了病床使用率，盘活了闲置的医疗资源，增加了经济效益。毕竟盘活闲置的医疗资源，是中小型医疗机构、基层医院、部分民办医院或在特殊时期发挥过特殊作用的医疗机构（如疗养院等）所普遍面临的问题。这些机构床位使用率偏低，部分医疗资源闲置，效益很低，甚至到了濒临破产的地步。北海海合老年公寓和北海博铧医院通过便捷的双向转诊，既提高了博铧医院床位的周转率，又提高了海合老年公寓床位的利用率，完成了养老和医疗资源的优化配置。因此，协作模式在资源优势互补上有着延伸模式所没有的正功能，而这种差异是由两种模式的组织结构决定的。第二，提高了养老机构和医疗机构的经济效益。养老机构有了医疗资源的供给，获得了专业的医疗技术支持，养老机构就能更加专注养老服务本身的为老服务内容，进一步提升机构的服务质量；而且养老机构为医疗机构链接了稳定的医疗客户资源，降低了医疗机构医疗资源的空置成本，使自身性能使用得到优化，缩短了盈利周期，提升了医院的经济效益，而且降低了经济效益较差的医疗机构（尤其是民营医院）为提高竞争力而盲目扩大规模的风险，使其更具资源利用率的优势。第三，提升医疗机构和养老机构的合法性。从品牌效应上看，协作模式作为一个联合体，实行医疗服务和养老服务分开经营模式，更利于各方打造特色服务，通过树立品牌获得社会认可、吸引更多顾客，从而吸收更多社会资本的投入，实现经济效益与社会效益双赢。总之，协作模式在效率、可持续性、稳定性、合法性等方面的优势使多元参与主体更容易互利共赢。

（2）负功能比较

在两种典型模式的负功能差异上，由于组织结构机制上出现资源的先天不足，以及国家政策调控不到位，由此也出现了不同程度的负功能。

对于延伸模式而言，负功能主要体现在机构通过延伸功能大量增加成本，服务专业性不足导致医疗或养老风险相对增高、合法性遭到质疑以及科层制结构造成机构应变能力差。具体表现在：

第一，组织结构扩张要求扩大组织成员规模，扩充医疗设备，导致养老机构的运营成本、管理成本和交易成本增加。如广西重阳老年公寓根据护理院建设标准投入了600多万元资金购买医疗设备；增加了多名医护及管理人员，增加了大量工资支出；从本来就一床难求的养老床划出80张作为医疗床，减少了养老床位收入；运营护理院是一项规范的医疗经营管理，因此相对办理护理院之前，公寓的运营成本、管理成本和交易成本也大量增加。事实上，按照一级及以上医疗机构资质配备的医疗设施及科室对于养老机构的老年人而言使用率并不高，这就造成医疗资源浪费。在广西的调研中，多位养老机构的院长反映，如果医疗服务对象只面向机构内的老年群体，医疗机构根本无法盈利。因此，一般的医养机构具备相应资质的医疗机构既不经济，也无必要。

第二，延伸模式的专业性不足导致养老和医疗风险相对增大。一方面，不论是医院增设养老机构、养老机构增设医疗机构，还是医疗机构转型为医养融合机构，都存在着难以解决的跨行兼业问题，毕竟在医疗和养老资源都有限的社会条件下，真正大型的医养融合机构是非常有限的。跨行兼业的问题解决不好，就容易导致医疗机构办养老机构时养老风险增加，养老机构办医疗机构时医疗风险增加。从广西的调研来看，目前仅有桂林夕阳红养老中心通过企业运作的形式获得了较大社会资本的投入，但即便如此，由广西区桂林冶金疗养院转型而来的桂林夕阳红养老中心，其服务还是偏向"医"，不管是机构的硬环境还是软环境，抑或是给人住在医院的感觉，都缺乏温馨感。另一方面，不少医疗机构或医养一体化机构办养老服务，都直接把医疗护理当作养老服务，把一些原本属于养老服务的生活照护服务交给医院或护工，这在增加护理成本的同时，大大削弱了养老服务的专业性，这两方面都可能使医养机构的合法性遭到质疑。

第三，科层制结构造成机构应变能力差，可持续性不足。延伸模式在促成养老与医疗的融合上，是从原有机构的组织结构着手，通过增加相关部门，拓展自身的医疗或养老功能。这是一种科层制管理方式，从纯技术的角度看，这种方式固然在行政效率和命令执行方面有先天的优势，但任何组织均面临着"追求短期效率和追求长期适应能力"两者之间的组织悖论[①]，医疗机构或养老机构在其内部增设部门固然可以实现短期内的目标达成，规避合作中的不确定风险，比较便捷地完成资源的内部转移和配置，但从长远来看，这种管理方式不可避免地以牺牲对未来市场的适应能力为代价，尤其在组织面对不够稳定、不可预测的环境变化时，如政策调整或市场变动等突发情况，业已固化的"内部统管一切"运作模式很难做出准确判断和灵活应对。当前国家政策正在鼓励全面开放养老服务市场，医养机构需要与机构外部进行越来越多的资源交换和合作，科层制管理方式可能会成为制约医养机构发展的障碍。因此，以扩充组织内部功能为代表的延伸模式在可持续性上是欠缺的。

对于协作模式而言，其本质是一种双边或多边合作关系，合作是因为各方从对方身上都有利可图，即通过合作可以互利共赢。但目前相对于养老资源，医疗资源更具稀缺性，公立中大型医疗机构的医疗

---

① 周雪光：《组织社会学十讲》，社会科学文献出版社2003年版，第318页。

任务繁重，医护人员超负荷工作，在医疗任务之外再加上养老服务，得到的利益又非常有限，这对医疗行业来说缺乏内生动力。[①] 因此，这种多边合作对于大中型医疗机构而言很容易流于形式。此外，契约是协作模式中参与各方的行为准则，但目前国家层面还缺乏关于医养融合组织合作的规范指引，有效约束契约各方的体制机制及利益协调机制都不健全，契约双方出现违约也不会受到任何法律追究，那么，当合作影响到任何一方的利益时，利益受损一方就有可能随意退出，因此，目前这种模式常常显得不够稳定，合作的稳定性及持续性难以得到保证。

2. 显隐功能的比较

在医养融合实践的显功能和隐功能分析上，我们要注意到，医养机构的功能显现与否，是与一定的社会经济发展条件有关的，它会随着医养融合的发展让一些隐功能逐步变成显功能。换言之，显功能和隐功能在不同的发展阶段是相对变化的。就当前而言，医养融合的显功能当中的正功能主要是老年群体日常生活照料、医疗、护理、心理慰藉、临终关怀等获得感的提升；隐功能当中的正功能主要是幸福感、安全感的充实，以及医养融合理念正逐步成为人们"广为接受"的社会事实，即合法性。但是，由于医养融合正处于逐步发展阶段，体制机制尚不健全，因此医养融合隐功能当中也存在不少负功能，需要我们进一步探索建立相关的协调机制。

（1）显功能比较

无论是在延伸模式还是在协作模式中，医养融合的显功能均得到了一定的发挥，即为老年群体提供包括日常生活照料、医疗服务、心理慰藉等服务内容在内的养老选择。具体来看，在两种典型模式内，老年群体日常生活照料服务的质量都有了明显的提升，从过去吃饱穿暖到逐步实现吃好穿美；从过去的"有养无医""有医无养""居家无人管"到"医养逐步一体化""居家也有人管""智慧养老"；从

---

① 董红亚：《养老服务视角下医养结合内涵与发展路径》，《中州学刊》2018年第1期。

过去很少考虑老年人的心理需求到陪伴、关注老年人的心理变化，医养融合无疑提升了老年群体的生活质量和生活满意度。

但是，在医养融合实践过程中，延伸模式和协作模式的运作效率已然存在明显的差异，尽管在短期内，延伸模式下医疗资源和养老资源的整合效率、相关部门的协作效率和专业供给的转化效率在一定程度上优于协作模式，但延伸模式难以克服的困境在于其参与主体数量有限、资源掌握类型有限、结构关系较为单一，表面上的高效率极易受到外部环境变动的影响，导致其稳定性不佳。而协作模式恰恰能够较好地规避上述问题，尽管目前受交易成本较高、合作行为欠规范等因素的影响，协作模式的真正效率并未得到完全释放，但这一问题相较于延伸模式的根本性困境，更容易借助技术化的手段策略予以应对消解。

（2）隐功能比较

医养融合在我国是一个新生事物，还没有成为一个"广为接受"的社会事实。就两种典型模式在实践中所发挥的隐功能而言，其共同之处在于体现出某种程度的社会关怀意涵，即尊重并兼顾老年群体在生理需求和心理需求上的差异性，以老年人个性化的养老需求为出发点，灵活弹性地提供专业化、便捷化的养老服务，进而间接地在全社会范围内树立并弘扬关心老人、服务老人、方便老人的价值导向，传递出以人为本的社会关怀信号，为使老年人更有尊严、更为健康、更为舒适地度过晚年的养老目标的实现不断注入新生力量和条件。随着经济社会的发展、老年群体对美好生活需要追求的变化以及国家政策的推动，医养融合在全国正如火如荼地展开探索和发展，医养融合从机构养老走向社区居家养老，越来越多老年群体在接受医养融合服务的过程中，幸福感、安全感不知不觉更加充实、更有保障、更可持续，医养融合服务也因此被越来越多的老年群体、家庭、社区、媒体、社会所了解。从长远发展来看，医养融合必然会成为老年群体的基本价值需求，医养融合理念会成为一种普遍的社会共识，即成为人们"广为接受"的社会事实。

第三章 广西城市医养融合机构的发展及其典型运作方式

相较于延伸模式,协作模式的独特优势还在于能够发挥促进社会有机团结的功能。机械团结是"一种通过强烈的集体意识将同质性的个体结合在一起的社会联结纽带,有机团结是一种建立在社会成员异质性和相互依赖基础上的社会联结纽带"[1]。根据涂尔干的观点,延伸模式的社会团结是机械社会团结,协作模式的社会团结是有机社会团结。协作模式是一种多主体的联合体,不同主体的分工不同。而分工的发展和互动的"增加使人们之间的相互合作相互依赖得以加强,而这恰恰是有机团结的基础"[2]。"建立在社会分工和相互依赖基础上的有机团结,比主要建立在相似的价值观和信仰等集体意识基础上的机械团结,能够更彻底、更有效、更深刻地实现社会的整合。"[3]

但如前文所述,由于医养融合正处于逐步发展阶段,体制机制尚不健全,因此医养融合隐功能当中也存在不少负功能。目前,部分医养机构有意把老年人当病人进行过度治疗,从过去"有养无医"走向"以医代养",使得某些医养机构的医疗床位"押床"现象频发,出现新的"社会性住院",这些问题致使医疗体制改革中的分级诊疗、"康复回社区"的导向难以实现。[4] 由于"以医代养",某些医养机构一套人马、两块牌子,楼下是医院看病、楼上是养老院养老。医养机构出现对病人乱开检查、滥用药物等诊疗行为,使得医疗和养老费用高出公立医疗机构,甚至高于民营医疗机构,但是医养机构通过走制度不规范的空子,打医保"擦边球",巧借名目"套保",将常规的养老服务费用转移到医保,以此获取超出政策之外的医保资金,老年人和家属把不属于医保范围的生活照料项目作为医保报销能大幅节省支出。因此,大量增加医保费用,直接损害了医保制度的公平性,这是当前医养融合模式隐功能当中的负功能。

---

[1] 贾春增:《外国社会学史》,中国人民大学出版社2008年版,第200—203页。
[2] [法]涂尔干:《社会分工论》,渠东译,生活·读书·新知三联书店2000年版,第65页。
[3] [法]涂尔干:《社会分工论》,渠东译,生活·读书·新知三联书店2000年版,第68页。
[4] 董红亚:《养老服务视角下医养结合内涵与发展路径》,《中州学刊》2018年第1期。

表 3-1　　　　　　延伸模式与协作模式的对比分析

基本模式	医养融合方式	典型实例	特点
延伸模式	养老机构内设医疗护理机构	广西重阳老年公寓	以"养"为主,拓展医疗功能,健全养老服务;但可能加剧养老机构的分化,增加经营成本
	医疗机构托管养老机构	广西社会福利院	
	医疗机构兴办养老机构	南宁仁普耳鼻喉医院	以"医"为主,整合医疗资源,向老年人提供专业、持续医疗服务;但存在不同级别医疗机构分化、医保基金滥用风险
	医疗机构转型为养老机构、老年护理院等	桂林夕阳红养老中心	
协作模式	养老机构与医疗机构共同合作,整合资源,提供互补性医养融合服务	北海市海合老年公寓、广西太和自在城	通过"医""养"资源有机整合、功能互补,建立老年人就诊绿色通道,实现双向照料;但易出现管理责任界限不清、约束力差、协调困难、诱导医疗和基层机构参与不足等问题
	医疗机构、养老机构与社区协作,为居家老年人提供医疗护理康复等社区工作站及上门服务	5个南宁市仁普医养服务站	

四　小结

从广西城市医养融合具体实践过程看,近年来医养融合机构持续增多,相应的政策体系和机构管理规范与制度逐步建立,老年群体健康养老服务水平明显提升。但毋庸讳言,当前广西医养融合及其载体也还存在很多问题,主要包括目标定位模糊、发展策略薄弱;政策文本滞后、部门条块分割明显;合作方式机械、交易成本高昂;消费者认同度低、市场发育不成熟;等等。从医养融合的具体运作方式上看,目前广西主要有两种典型模式,即基于组织功能内生的延伸模式和基于组织关系互嵌的协作模式。比较而言,由于后者在效率、可持续性、稳定性、合法性等方面更具优势,所以很多原来选择延伸模式的机构也正逐渐向协作模式转变。

第四章　广西城市医养融合参与主体的行动目标及其合作困境

通过第三章的介绍分析，可以发现在广西城市医养融合的实践场域中，目前具体运作模式仍是多元并存的格局，其中内部延伸与外部协作是两种具有典型意义的模式。由于协作模式在效率、可持续性、稳定性、合法性等方面比延伸模式更有优势，因此很多原来选择延伸模式的机构也正逐渐向协作模式转变。问题是，协作模式意味着参与主体更加多元化，相应也使关系结构更加复杂化。尽管不同主体都明白合作共赢的道理，但是作为理性化的组织，它们都有着特定的目标，"都在追求自己的利益"[①]，因而难免出现各种各样的矛盾冲突。正是由于实践过程中延伸模式逐渐式微而协作模式正在勃兴，所以本章试图从城市医养融合不同参与主体的行动目标入手，通过对不同主体在协作模式中所扮演的角色和地位进行分析，揭示它们之间的互动过程及其困境。因此也可以说，本章一方面是在第三章基础上，运用具体案例资料对第二章的内容做出进一步的回应；另一方面是通过对不同主体合作困境及其原因进行分析，为对策思考提供依据。

---

① 张维迎：《博弈与社会》，北京大学出版社2013年版，第3页。

一 广西城市医养融合的多元主体及其行动目标

广西医养融合的阶段性目标是建立和完善政策体系，规范管理制度，提高老年群体健康养老服务质量；总体目标是基本建成覆盖城乡、功能齐全、布局合理的医养结合服务网络，提高老龄人口健康水平，推进养老事业全面有序发展。在这个过程中，政府是引导者、决策者，是疏导当前养老压力和探索长效机制的主体；医养机构是保障主体功能和协调上下左右关系的主体；城市社区是承接养老服务和构建医养融合的平台；老年群体是医养融合服务对象，他们的基本诉求是改善养老体验和控制养老成本。这些主体在医养融合体系中的角色、地位不同，所以行动目标也各不相同。

（一）地方政府：疏导当前压力和探索长效机制

在我国的行政结构中，地方政府的职能之一就是要对社会问题和社会需求做出必要的回应。当前，广西各级政府如何在经济水平不高的情况下应对人口老龄化，有效整合医疗和养老服务资源，满足老年人医养融合需求是一项重大的民生工程。而地方政府选择何种方式、重点要回应哪些社会问题和社会需求是受上级政府的工作安排以及特定的行政权力结构制约的。首先，政府亟须应对人口快速老龄化所带来的医养融合服务供需不平衡的问题，以缓解当前的养老压力；其次，政府需要探索有序、高效和可持续发展的医养融合服务供给体系。

1. 养老压力的疏导

为应对老年群体日益凸显的医养融合需求，在中央政府政策的导向与广西养老压力的推动下，广西政府通过构建政策法规和组织架构、试点探索、加大扶持力度、大众传媒舆论营造等行动策略来疏导当前养老压力。

首先，自治区政府连续出台一批促进医养融合的政策文件，积极

第四章 广西城市医养融合参与主体的行动目标及其合作困境

构建医养融合发展的政策法规体系与组织架构等。2014年9月自治区政府发布《关于促进养老服务业加快发展的实施意见》（桂政发〔2014〕58号），提出推动医养融合发展，要求医疗卫生资源要有序进入养老服务业，研究制定医养结合工作规范标准，构建养老、照护、康复、临终关怀相互衔接的服务模式。2015年2月广西发改委印发《加快推进健康与养老服务工程建设工作实施方案》，要求加快推进养老服务体系建设，重点建设提供生活照料、健康护理、康复娱乐等专业养老服务设施。2016年1月，自治区政府印发《广西养老服务业综合改革试验区规划》（2016—2020年），要求构建广西"一区四核"战略布局，打造一批集养生养老、医疗保健、休闲旅游等为一体的健康养老胜地，培育一批医养结合服务产业园。2016年7月自治区政府发布《关于推进医疗卫生与养老服务相结合的实施意见》（桂政办发〔2016〕82号），明确了广西医养结合的发展目标、重点任务及分工方案、保障措施、组织实施，为医养结合的推进提供了政策指导；对医养结合工作重点任务进行了分工，要求发改、相关部门明确任务、加强协同配合，共同支持医养融合发展。2016年9月广西发改委印发《广西养老服务业发展"十三五"规划》，要求促进医养结合发展，建立健全医疗卫生与养老服务长效合作机制、推进"医养结合"试点建设，推动医养护一体化发展。2017年9月1日起广西颁布《广西壮族自治区实施〈中华人民共和国老年人权益保障法〉办法》[广西壮族自治区人大常委会公告（十二届第74号）]，为老年人享受基本医养结合服务提供了法律依据，《办法》要求逐步建立老年人长期护理保障制度、老年人长期护理社会保险制度，建立健全医疗卫生机构和养老机构合作机制。2015年5月，广西政府组织建立广西壮族自治区养老服务业综合改革试验工作部门联席会议制度，联席会议由发改委、民政厅等26个单位组成，要求各成员单位按照任务分工，切实履行各自职责，推进全区养老服务业发展和试验区建设。可见，广西政府近年来为推动医养融合积极构建良好的政策环境和组织架构，医养融合已逐渐成为广西政府社会建设新时代的政策议题。广西民政厅福利处黄副处长在访谈时谈道：

>   就当前而言，医养融合一方面是养老服务的一个弱环节，但是另一方面又是蕴含发展潜力及空间的一种医养一体化综合养老新形态，作为行政主管部门，如何进一步采取措施，从而促使医养融合发展"扬长避短"走向持续健康发展是下一步急需解决的问题。无论是从广西还是全国上看，老龄化、高龄化趋势愈加严峻，医养融合发展是大势所趋。下一步我们将从以下三个方面推进：一是对当前一些医养机构的实践及运行情况进行深入调查研究，着重对医养服务相关流程、制度机制、服务标准、人员队伍培训等进行进一步规范。二是进一步促进医养一体化综合养老服务更加贴近老年人的健康养老需求，通过服务创新努力为老年人提供多元多样的健康养老服务。三是进一步促进医养机构市场化和企业化发展，不断探索医养机构发展的商业化运作模式，从顶层设计入手，制订加快养老服务业创新发展的配套政策。（个案 101）

其次，积极进行试点探索。因为政策目标、参与主体、资金来源等因素的不确定性，因此广西政府采取"试点探索"的行动策略。"试点探索"即"摸着石头过河"，是"指导中国改革和实践探索的基本理论和方法，也是改革的探索者与实践者解决信息与知识的不对称性问题、降低纠偏成本、审时度势地予以推进的一种策略"[①]。正如广西社会福利服务中心覃主任所言：

>   对医养机构进行试点探索，一方面有助于进一步推动各类社会力量积极参与养老机构发展改革，从而扩大医养机构发展的社

---

① 张旭升：《政府购买居家养老服务参与在主体的行动逻辑研究》，中国社会科学出版社 2016 年版，第 44 页。

第四章 广西城市医养融合参与主体的行动目标及其合作困境

会支持度；另一方面，通过试点可以进一步在实践中探索医养融合模式的运行规律，有利于政府有关部门采取积极措施，出台针对性政策，不断地推动医养机构朝着健康可持续方向发展。（个案104）

目前广西已建设了一小批兼具医疗卫生与养老服务资质和能力的医养融合机构，政府正在有计划、有步骤地推动社会力量"以多种方式成为医养融合服务业的主体，市场的地位在不断提升，营造平等参与、公平竞争的市场环境"[①]，医养融合14个试点单位正在积极探索医养融合服务，老年人健康养老服务的可及性明显提升，医养融合服务获得了老年群体及家庭认同、上级政府认可。为了更好地借鉴国外及其他地市的经验做法，避免试点单位多走弯路，广西社会福利服务中心连续3年来每年组织、带领医养融合机构的管理者到海外如日本，国内如北京、上海、重庆、广州、青岛、苏州等地考察学习，极大地拓宽了他们的视野，启发他们医养融合建设的思路。

第三，加大扶持力度。为推动医养融合发展，广西政府通过投融资政策、财税价格政策、土地政策、医保政策、人才队伍建设、信息平台建设等方面进行扶持。广西发改委王处长说：

2017年，我们积极争取了中央资金1.5亿元、国家债券资金3亿元，财政厅筹措资金5.03亿元支持社会养老服务体系建设。（个案A2）

广西人社厅李处长说：

目前，人设厅、卫计委将居家养老、社区养老的医疗卫生服

[①] 广西壮族自治区人民政府办公厅：《关于促进养老服务业加快发展的实施意见》（桂政发〔2014〕58号），载《广西养老服务业综合改革试验区政策汇编》，中国社会出版社2017年版，第233—235页。

务纳入医改工作，培训养老机构高级管理人才 140 余人、养老护理员 1800 余人，从原先的追求数量规模扩张到目前的追求医养融合纵深发展。（个案 103）

此外，自治区国税、地税、物价、工商等部门积极落实服务业税费减免政策，住建、国土等部门积极实施养老服务实施用地标准；教育厅通过政策引导，鼓励并支持高等院校、职业院校增设养老服务相关专业；民政厅通过广西民政政策理论研究课题立项，与高校及科研机构积极合作，展开医养融合相关研究，为科学决策作充分的准备和深入的论证[①]；科技厅以科技项目为载体，会同卫计委开展智慧居家养老技术支撑平台应用示范建设，积极支持养老服务业发展[②]。

第四，进行大众传媒舆论营造。作为一项创新性实践，地方政府在推进该项服务的过程中，需要利益相关者了解、认同、支持、推广，从而获得该项服务在社会的"合法性地位"[③]。正如彼得·伯格、托马斯·卢克曼所言："一项创新性的制度在合法化的过程中，也需要证明并回答'何以如此'的问题。"[④] 在试点阶段初期，政府部门在处理与媒体的关系时，通常采取不宣传、不报道的行动策略，但是当医养融合服务获得老年群体和家属认同及上级部门认可，初步实现

---

① 2015 年以来，广西民政政策理论研究课题设立了"广西医养结合养老服务模式调查研究""建设养老综合改革试验区背景下广西高端养老基地建设研究""广西养老服务业综合改革试验区建设路径研究""广西养老机构公建民营机制研究""广西养老机构管理问题研究""广西支持社会力量参与养老服务业发展政策研究""广西医养融合模式及其发展政策研究""智慧养老社区建设研究"等课题。参见广西民政厅网站相关文件。

② 广西壮族自治区民政厅编：《广西民政理论与实践——广西民政政策理论研究成果选编（2016）》，中国社会出版社 2017 年版，第 23—24 页。

③ 张旭升：《政府购买居家养老服务参与在主体的行动逻辑研究》，中国社会科学出版社 2016 年版，第 47—51 页。

④ [美] 彼得·伯格、托马斯·卢克曼：《现实的社会构建》，汪涌译，北京大学出版社 2009 年版，第 53 页。

第四章 广西城市医养融合参与主体的行动目标及其合作困境

多方共赢局面之后,地方政府就产生了宣传的需要。[①] 2015年10月,民政部督察组代表国务院到广西开展2015年养老服务业发展政策落实情况督查工作,对广西创建养老服务业综合改革试验区及政策创制、体制创新给予了充分肯定和高度评价。[②] 桂林夕阳红养老中心作为"全国模范养老机构""全国养老服务机构十大品牌标杆示范单位",获得国家民政部多任部长及各省市领导的多次视察并获得肯定,其作为广西最早探索医养融合的机构,受到全国各地慕名而来的团队参观考察。这些都使得地方政府逐渐认识到医养融合实践探索在广西甚至全国的重要性和示范性,从而促使地方政府通过大众传媒进行舆论营造。标志性事件是广西壮族自治区民政厅同中国社会福利与养老服务协会、中国老年产业协会联合主办的"2017中国(南宁)养老产业发展高端论坛暨招商推介会"在南宁召开,来自俄罗斯、日本、荷兰等国家和香港地区的代表,中国社会福利与养老服务协会和中国老龄产业协会代表,全国多地民政系统代表,广西养老服务业综合改革试验区建设工作部门联席会议成员单位代表,区内外50多家养老服务企业代表,14个设区市民政系统代表,广西养老服务行业协会各个成员单位代表共400余人参加会议,新华网、人民网、广西新闻等区内外多家新闻媒体对此进行报道,并对广西的养老服务业发展给予了高度评价。

2. 医养融合长效机制的探索

人口老龄化是社会发展的新常态,这就要求广西政府不仅仅要应对当前日益增长的医养融合需求,更要依托广西独特的生态、气候、区位优势和特色资源,探索并建立医养融合的长效机制。根据广西壮族自治区人民政府办公厅《关于建设养老服务业综合改革试验区的意见》(桂政办发〔2015〕33号),广西将"形成特色突出、优势互

[①] 张旭升:《政府购买居家养老服务参与在主体的行动逻辑研究》,中国社会科学出版社2016年版,第47—51页。

[②] 广西壮族自治区民政厅编:《广西民政理论与实践——广西民政政策理论研究成果选编(2016)》,中国社会出版社2017年版,第24页。

补、功能完善、布局合理的养老服务业区域发展格局，要打造南宁养老服务业综合改革核心区、桂西养生养老长寿产业示范区、桂北休闲旅游养生养老产业示范区、北部湾国际滨海健康养老产业示范区、西江生态养老产业带示范区等'一核四区'的总体布局，将广西打造为全国健康养老产业基地，形成新的优势产业格局"。根据广西壮族自治区人民政府办公厅《关于推进医疗卫生与养老服务相结合的实施意见》（桂政办发〔2016〕82号），未来广西基本建成覆盖城乡、功能齐全、布局合理的医养结合服务网络。培养一批医养结合知名品牌，打造一批竞争力强、满足多元需求的医养结合产业集群。对此，广西卫计委朱副主任表示：

> 近年来，广西各级卫计委同民政等相关部门出台了《关于加快推进医养结合工作的指导意见》等政策措施，进一步探索医养融合发展中关于财政补助、土地、税收等方面的优惠政策；开展医养融合机构的基线调研，组织各类交流学习活动，借鉴吸收先进经验；通过群策群力，激发并释放社会力量参与医养机构改革的活力，努力打造具有广西特色又具有较强竞争力的医养融合产业。（个案102）

目前，在广西政府的推动下，广西的医养融合服务业基本形成了政府、社会和市场共同推动的多元化发展格局。根据《广西养老服务业发展"十三五"规划》，"到2020年，广西全面建成以居家为基础、社区为依托、机构为补充，布局合理、功能完善、规模适度、相互衔接、覆盖城乡、医养相结合的养老服务体系，养老服务业发展环境更加优化，法律法规建立健全，行业标准科学规范，监督机制更加完善，服务质量明显提高"。

（二）医养机构：保障主体功能和协调多维关系

在医养融合制度建构与运作过程中，医养机构作为服务供给者，直接决定了医养融合服务的质量。因此，医养融合机构的首要目标是保障其主体功能，满足老年群体日常生活照料、医疗、护理、康复、心理慰藉、灵性关怀等医养一体化需求；其次医养机构在实践过程中，必须积极回应政府的要求，处理好与政府相关职能部门的关系；协调好医养机构内部之间及与社区、公益慈善组织和爱心企业等协作方之间的关系。

1. 保障医养机构的主体功能

如上文所述，由于市场需求的推动，广西部分养老机构早在20世纪末就开展了医疗卫生和养老服务相融合的探索；随着国家政策的推动，近年来，广西在发展医养融合养老服务的过程中做出了许多努力和探索，并取得一定的成效，形成了两种基本的医养融合模式。

虽然这两种典型模式推进医养融合的路径各异，但都旨在整合医疗资源和养老资源，缓解医疗机构"看病不养老"和传统养老机构"养老不看病"的难题，当老年人健康状况不佳时在医养融合机构就能得到及时有效的治疗，以及老年人在医院急性治疗稳定后能够得到较好的康复照料，从而提高了老年人获取医疗及养老服务的连续性和可及性，改善了老年人的生活质量和健康水平。调查发现，无论是对医养机构的环境，还是对医养机构提供的服务，大部分入住老人的评价是满意的。一方面，由于选择入住养老机构的老年群体多为失能半失能的老人，且患有多种老年病，这些老年人的首要需求还是持久的日常照料服务，而这正是家庭和医疗机构无法提供的；另一方面，医养机构均配有数量相当的医务人员，这些医务人员主要面向的患者是入住本院的老年人，面对的疾病多为慢性病，因此医生的工作负担相对医院而言较轻，能够有更多的时间和精力来提供更加优质的医疗服务。在访谈中，大部分被调查老年人对养老机构的护理服务、医疗服务比较满意，而不满意的老年人大部分是对机构不能使用医保有意见。重阳老年公寓张爷爷的观点很有代表性：

作为一名退休人员，辛苦了一辈子，退休了，孩子在外地工作，处于发展事业期，很难回家照顾我，年纪大了也有慢性病，也想考虑到医疗卫生条件好的养老院养老，或者短期去疗养，但是目前的政策就是不能刷医保卡，又舍不得另行掏钱，这实在有些纠结，希望有关部门解决这个问题，医养机构所提供的医疗服务应该可以刷医保卡。（个案123）

2. 协调医养机构的多维关系

医养融合本身是一个组织化行动，它既是组织目标，又是组织载体。从服务链上看，对上联系民政、医疗卫生、人社、消防等多个管理部门，对外联系社区、老年协会、志愿者组织、慈善机构等组织，还要处理机构内部以及合作方之间的关系。可见，医养机构是协调多重关系的组织载体。

（1）处理好与地方政府及社区居委会的合作关系

目前我国医养融合的制度安排实行一种行政分割的多头管理体制。从现行行政管理体制看，医养融合涉及近20个相关职能部门，养老服务和养老机构的管理由民政和老龄部门管理，医疗卫生和医疗保障服务由卫生和人社部门管理，此外还涉及发改、消防、土地、财政、住建、规划等部门的管理。而政府是养老资源的掌控者和分配者，医养机构要保持与地方政府的良好合作关系才能赢得政府及相关部门的关注和支持，从而在资源分配中获益。与此同时，医养机构在运行中，借助政府平台可以让自己的服务规范更有威慑力和公信力。如桂林夕阳红养老中心，更好地规范中心候鸟式和疗养式养老服务，通过与广西民政厅进行沟通，组织编制了两项广西地方标准——《候鸟式养老服务标准》和《疗养式养老服务标准》，以政府公信力为其树立标准及威信。此外，借助政府平台可以更容易在同行中宣传示范、更容易获得市民的认可。如广西新建设的医养一体化企业广西太和自在城，由于建设在广西东盟经济技术开发区，离南宁市区非常远，知名度很低，该企业借助《2017年中国（南宁）养老产业发展高端论坛》作为会议承办方，成为主办方安排的参观企业，通过安排

第四章　广西城市医养融合参与主体的行动目标及其合作困境

参会者参观及进餐,广西太和自在城通过参会者的传播及其评价即刻提高了知名度,随后很多来电、来访咨询或购买他们的服务。太和自在城的谭总认为:

> 医养机构从长远来看是大势所趋,但是从短期来看,却面临很多困境,特别是作为直接服务城市社区老年群体,作为一种新型的养老机构,提供的就是一种具有一定溢出效应的社会服务,为此,仅仅依靠自身力量不够维持。一方面,处理好自身与政府的关系,从而获得相关部门的支持是获得社会公信力的一种关键因素;另一方面,处理好与社区的关系,有助于自身业务的宣传与推广,从而获得更多老年群体的认可。(个案 A4)

近年来,广西部分医养融合机构通过与社区合作,在社区建立了社区养老服务站,依托社区综合服务设施和社区公共服务综合信息平台,一是可以进一步提高该中心社会知名度,依托机构自身"医养融合"发展的优势,将养老机构的专业服务输入社区,送到老人身边,有效实现老人、社区、养老机构的对接;二是通过社区养老服务站的宣传,吸引该社区需要机构养老的老人到其养老机构养老,增加经济收益。如桂林夕阳红养老中心已在桂林市 5 个社区成立了夕阳红居家养老社区服务站,南宁市仁普养老中心在南宁市江南区 5 个社区成立了南宁市仁普医养服务站。根据《"十三五"国家老龄事业发展和养老体系建设规划》,要求"引导养老服务机构依托社区综合服务设施和社区公共服务综合信息平台,为老年人提供精准化个性化专业化服务","推动专业化居家社区养老机构发展","允许养老机构依法依规设立多个网点,实现规模化、连锁化、品牌化运营"。为此,医养机构除了经营自身据点之外,社区也成为医养机构推进医养融合的主阵地。

(2) 协调好与公益慈善组织及爱心企业的组织关系

我们国家进入"未富先老""未备先老"的人口老龄化社会,政府财力有限,因此要调动社会力量积极参与社会养老服务。国务院颁布《关于加快发展养老服务业的若干意见》（国发〔2013〕35号）明确规定"鼓励公益慈善组织支持养老服务。引导公益慈善组织重点参与养老机构建设、养老产品开发、养老服务提供，使公益慈善组织成为发展养老服务业的重要力量。探索建立健康老人参与志愿互助服务的工作机制"。公益慈善力量参与养老服务目标与政府提供养老服务的目标不谋而合，在养老服务体系建设中公益性、利他性、志愿性等功能，有着政府和市场无法替代的作用。[①] 对接公益慈善组织参与支持医养机构，为其输入公益价值理念是促进医养机构持续健康发展的重要途径。广西各级政府"要将60%以上社会福利彩票公益金用于支持发展养老服务业，并随老年人口的增加逐步提高投入比例"[②]；2014年广西打造100家养老慈善超市；2014年广西红十字会募集社会捐赠款物价值4400多万元，用于救灾、救助、助学、养老等项目。广西医养机构都在积极争取公益金、公益组织的支持，以弥补自身财力等不足。此外，医养机构通过老年协会等志愿者团体可以更好地为入住老年群体提供符合老年人需要的精神文化娱乐服务，发挥老年人协会在同龄人沟通交流、同龄人娱乐、同龄人精神追求中的独特优势，让医养机构的服务更加多元化；与此同时，还可以通过同伴服务，通过建立"爱心服务"银行，让低龄老年人为高龄老年人服务的行为作为一笔爱心存储起来，当这些老年人未来需要养老服务时也可以获得相应的帮助。最近几年，广西精神文明办每年都有政府购买服务项目，支持志愿团体到养老机构及社区进行为老志愿服务；2017年，由广西宣传部发起、共青团广西区委筹办成立了广西青年志愿者联合会，为老服务也是联合会的主要行动目标。北海海合老年公寓刘院长在谈到医养机构和公益组织之间的关系时，有一番话很有代表性：

[①] 邓微：《积极引导公益慈善力量进入社区养老服务体系》，《湖湘论坛》2014年第2期。
[②] 广西壮族自治区人民政府办公厅：《关于建设养老服务业综合改革试验区的意见》（桂政发〔2015〕33号），载《广西养老服务业综合改革试验区政策汇编》，中国社会出版社2017年版，第243—245页。

第四章　广西城市医养融合参与主体的行动目标及其合作困境

医养机构和公益组织之间有联系但又有本质区别,处理好两者的关系有利于推进医养机构持续健康发展,如引入公益机构的一些关心关爱老年人健康的理念及运作模式,这无疑是帮助自己提升服务的品质;但是,如果没有处理好关系,一些公益机构没有站到医养机构经营者的角度去考虑问题,一味地强调公益理念,而没有充分考虑到当地的观念、经济情况和特点,这样的合作有时候反而不利于资源整合。为此,只有处理好医养机构和公益组织的关系,找到切合实际的合作方式;只有在社会和市场上立足,才能实现医养机构和公益机构的共赢。(个案110)

医养融合机构的建设与发展需要大量资金,与社会资本尤其是企业的合作是医养融合机构可持续发展的有效途径,因为企业投资医养融合机构后,会进一步将运营盈利部分再捐给医养融合机构。从发达国家经验看,公益性服务与市场化运作结合,能够实现公益机构和爱心企业互利双赢。[①] 因此,桂林夕阳红养老中心在坚持公益性原则的同时,引入了市场化运作机制,在广西柳州钢铁(集团)公司的支持下成立了"桂林仙源健康产业股份有限公司",计划投入资金60亿元,在全国建设10个养生养老基地和100个社区养老服务中心,将夕阳红养老中心打造成为全国一流的养生养老基地和全国知名养生养老品牌。

(3)强化医疗机构与养老机构的合作机制

在医养融合服务中,医疗机构和养老机构是两类性质不同的组织,它们的组织目标不同:尽管医疗机构是面向全社会患者提供医疗服务且带有社会福利性质,但归根到底还是以追求经济利润为目的的企业法人,然而养老服务却是一种投入大量人财物力且经济效益见效慢甚至无利的公益性事业。因此,必须搭建合作机制,才能使性质不

[①] 向东:《公益机构如何参与养老事业》,《学会》2013年第7期。

同的两类组织能够长效合作。而合作机制是在双方或多方的合作系统中，合作各方之间的相互关系以及行为过程所必须遵循的制度化的方式和方法，其中也包括为保证这些方式方法发挥作用而必需的机构设置。[1] 医疗机构与养老机构的合作机制是区域内多元主体之间的有机联结，是不同主体之间的互动关系，是一种由多元主体（包括国家、地方政府相关部门、医疗机构、养老机构、社区、公益组织、老年群体等）相互联结和互动的运作系统，并利用这种互动关系产生新的整体功能作用。要想使区域内医疗机构与养老机构之间的内在有机联系稳定，成为养老领域所遵循的行为规则和程序，就必须做出相应的制度安排。因此，医疗机构与养老机构的合作机制在形式上就表现为一组具有内在联系的规则或制度。[2] 在医疗机构和养老机构的具体合作中，制度化合作无疑是很重要的，在南宁从事养老服务行业多年的12349信息平台吴总说了这样一番话，很有感触：

> 对于养老机构而言，医疗机构相对强势，要使得这样的合作关系变得相对稳固，养老机构自身的经营理念和服务模式必须具有特色，具有社会吸引力和市场影响力，否则在跟医疗机构谈合作时，对方往往是一种弱意愿的合作态度；当然我们自身也明白，医疗资源相对紧缺，养老机构唯有足够竞争力才能在合作中具有筹码，在这个意义上说，国家若能在制度上对医养机构之间的合作作进一步的明确和规范，无疑有利于推进医养机构的持续健康发展。（个案A3）

目前，广西政府按照互利互惠、方便快捷的原则，"鼓励养老机构与周边的医疗卫生机构开展多种形式的协议合作，建立健全协作机制，明确双方责任义务；医疗卫生机构为养老机构开通预约就诊绿色

---

[1] 顾国爱：《我国医疗机构与养老机构合作机制的概念性框架及其政策建议》，《商业经济研究》2016年第12期。

[2] 陈宇：《医养融合的内在冲突及其制度化途径》，《学术论坛》2017年第2期。

通道，养老机构内设的具备条件的医疗机构可作为医院收治老年人的后期康复护理场所，推动二级以上综合医院与养老机构开展对口支援、合作共建；通过建设医疗养老联合体等多种方式，整合医疗、康复、养老和护理资源，为老年人提供治疗器住院、康复期护理、稳定期生活照料以及临终关怀一体化的健康和养老服务"①。

（三）城市社区：承接养老服务和构建医养融合载体

我国是全球老年人口最多的国家。在现有的经济和社会条件下，结合国外养老服务体系的建设经验，我国力图"建成居家为基础、社区为依托、机构为补充、医养相结合的养老服务体系"②。但长期以来，医疗和养老资源进社区、进家庭却是个难题。随着医养融合的不断发展，"居家养老＋社区服务"将成为一种主流发展趋势，医养机构通过与社区的深入融合，拓展医养融合模式发展空间，通过不断提升社区医养融合专业化水平并成为可复制的模式，从而提高医养融合的普惠化水平。因此，城市社区将成为承接养老服务和构建医养融合的重要载体。

1. 社区：承接养老服务的主要阵地

居家养老是目前国际上通行的养老方式，受到各国政府的普遍重视和老年人的热爱。随着养老服务体系的完善，居家养老、社区养老、机构养老三者将逐步融合。但无论如何变化，在养老服务体系中，居家养老都将长期发挥决定性作用，而且目前我国大多数地方社区养老服务都属于居家养老的范畴。③ 居家养老是指老年人分散居住在自己的家中，但是由社会来提供养老服务的一种社会化养老模式，它是家庭养老和社会养老的有机结合，既是对传统家庭养老的补充与

---

① 广西壮族自治区人民政府办公厅：《关于推进医疗卫生与养老服务相结合的实施意见》（桂政办发〔2016〕82号），载《广西养老服务业综合改革试验区政策汇编》，中国社会出版社2017年版，第273—275页。

② 国务院：《国务院关于印发"十三五"国家老龄事业发展和养老体系建设规划的通知》（国发〔2017〕13号），《中华人民共和国国务院公报》2017年第9期。

③ 吴玉韶：《对新时代居家养老的再认识》，《中国社会报》2018年1月29日第3版。

更新，又是对机构养老资源供给压力的有效缓解，是社会经济充分发展条件下的必然产物。它以社区为平台，整合社区内各种服务资源，为老年群体提供多层次、多样化的养老服务。相对于集中居住的机构养老而言，在社区、家庭获得连续性、综合性的服务更符合传统文化及老人的心理和服务需求。国务院颁布《关于加快发展养老服务业的若干意见》（国发〔2013〕35号）提出要加强社区养老服务设施与社区服务中心及社区卫生、文化、体育等设施的功能衔接，积极鼓励养老市场的发展。在广西政府的大力推动下，全区社区养老服务设施得到进一步改善，社区日间照护服务内容也逐步拓展，截至2015年年底，广西建成各类居家养老服务中心和服务站等设施811个、日间照料中心83个，居家养老服务网络初步形成，全区城市社区居家养老和农村社区养老服务覆盖率分别达到61.2%和30.3%。[①]

2. 构建以城市社区为平台的医养融合载体

医养融合的本质是医疗资源融入养老服务领域，但不管是医疗资源还是养老资源都是稀缺的，而城市社区是由密集人口组成的社会，因此医养融合的探索首先应该在城市社区开展，更容易获得规模效应，以便在全国推广应用。从事多年医疗卫生和社会养老服务研究的广西医科大学江教授认为：

> 随着我国城市化水平的不断提高，城市社区的功能建设不断得到扩充和增强，市民对社区的期待也不断提高，特别是老年群体，对社区的养老服务有更高的期待和要求，这也为社区开展医养机构建设提供了新的潜力和发展空间，为此，从实践来看，医养机构当前的发展要根植于社区，做大做强后才能通过市场化手段，不断提高对外围的辐射能力，从而促使医养融合成为未来城市社区发展必不可少的一种综合养老服务模式。（个案A5）

[①] 广西壮族自治区民政厅编：《广西民政理论与实践——广西民政政策理论研究成果选编（2016）》，中国社会出版社2017年版，第12页。

第四章　广西城市医养融合参与主体的行动目标及其合作困境

除了家庭以外，社区是老年人最主要的活动场所。社区作为整合各项服务资源最有效率的综合性平台，是提供持续性、普惠性服务的重要场所，是实现社区医养融合所依托的基础。[1] 医养融合发展离不开社区平台的支持，一方面，社区是建设区域性养老服务中心的载体；另一方面，社区也是建立及健全养老服务团队、住所及活动场所、综合服务网络以及举办社区老年人服务相关课程和培训的主要平台。医养融合组织在政府引导下以城市社区为服务平台，吸纳各种社会资源，连接政府、社会、市场、社区卫生服务中心、社区小型养老机构等实现社区医疗与养老的融合，为老年人提供就地的、有针对性的、多元化的服务。目前，在政府的政策支持和推动下，一些以社区为平台的医养融合载体及功能不断显现。比如，桂林夕阳红养老中心通过社区工作站经常邀请老年健康专家开设讲座，给老人们讲授疾病预防及管理的知识；开展需求调研，开设社区老年人兴趣小组，以丰富社区老年人的晚年生活；还通过社区平台，吸纳桂林市的大学生志愿者和社区居民志愿者（尤其是低龄老年志愿者）进行为老服务，不仅可以让老年人感受社区温暖，还可以加深老年人对社区的认同。广西12349公共服务平台与广西南宁、桂林、百色、贵港等多地的社区合作，增加社区日间照料活动内容，在社区开展义诊活动，为社区营造浓厚的尊老、爱老、敬老氛围，增强社区文化建设的力度。此外，根据国外养老服务体系的建设经验，广西政府通过引进社会资本建立多个中高端的医养一体化养老社区、健康产业园，如桂林国际智慧健康产业园、合众人寿南宁优年养老社区，在这些品牌的引领下，长寿健康养生休闲产业逐渐成为带动全区养老产业发展的新引擎。[2]

---

[1] 李豆豆、易艳阳、张艺馨：《"医养结合"的社区养老模式构建研究》，《人力资源管理》2016年第8期。

[2] 广西壮族自治区民政厅编：《广西民政理论与实践——广西民政政策理论研究成果选编（2016）》，中国社会出版社2017年版，第9—13页。

(四) 老年群体：改善养老体验和控制养老成本

随着经济发展和社会进步，老年群体对追求养老美好体验的渴望日益迫切；但在未富先老的情况下，由于经济独立程度及社会养老保障水平有限，老年群体也需要控制养老成本，获得有限的养老需求服务。

1. 改善养老体验：老年群体迫切的心理期盼

老年人对日常生活照料、医疗护理、康复保健等一体化服务的需求，一方面受人类个体生命周期律的制约；另一方面受社会文明发展水平的影响。过去由于社会经济发展水平仍不够高，养老及相应的服务水平不高且资源分配差异化非常明显，"医"和"养"的矛盾尤为突出，老年人医养一体化需求得不到满足。经过长期努力，人民生活不断改善，总体上实现小康，我国有近一半的老年群体经济独立性提高。与2010年第六次人口普查结果相比，2014年老年人主要生活来源中来自离退休金养老金的比例由24.1%上升到46.18%，提高了约22%，依靠劳动收入、子女等家人资助的比例有所下降。[1] 随着我国养老保障体系的发展，老年人的经济独立程度在提升。以广西为例，2014年全区城镇参保企业离退休人员月人均基本养老金为1869元，比2013年增加了150元，增幅达8.7%。2006年城镇离退人员人均基本养老金为728元，在不到10年的时间里（2014年），城镇离退人员人均基本养老金增加156.7%。随着城市离退休人员基本养老金的大幅提升，老年人的健康理念和消费观念发生了诸多改变，老年人对美好生活需要的向往发生了结构性变化，已经超越了满足基本物质层面的需要，他们更注重追求高质量的生活，对身体进行健康管理、充实社交生活、继续从工作和学习中获得成就感和心理满足、得到别人的尊重、有尊严地善终。老年群体的美好生活需要已经从获得基本

---

[1] 杜鹏等：《中国老年人的养老需求及家庭和社会养老资源现状——基于2014年中国老年社会追踪调查的分析》，《人口研究》2016年第6期。

第四章　广西城市医养融合参与主体的行动目标及其合作困境

物质生活的满足转化为获得身的无痛、心的舒畅、灵的安宁。当下，满足老年群体的美好生活需要是一项非常重要的民生工程。因此，老年群体养老观念的转变尤其对健康的追求预示着医养融合服务市场具有极大的需求潜力和发展空间。

从广西来看，全区养老服务业产品产业规模小、市场竞争力不强、发展不平衡、专业人才缺乏、产业化水平较低、自我发展能力较弱；从地域上看，能够提供医养融合服务的养老机构、社区绝大部分都在城市，而农村社会养老大多条件简陋、服务功能单一；从服务内容上看，无论是养老机构还是社区日间照料中心，都偏重对老年人的生活照料，对老年人的医疗护理、康复保健远远不足；在资源供求上，条件较好的医养融合机构出现了"一床难求"的局面，而普通的养老机构尤其是乡镇养老机构则存在大量床位空置的现象。[①] 而老年群体对改变这些养老现状是非常迫切的，为此，大力推行医养融合势在必行，通过医养机构为老年人提供多层次、多元化、个性化的养老服务，从而让老年人享有健康、快乐、舒适、体面、有尊严的养老生活。

2. 控制成本：老年群体的现实诉求

医养融合支付体系是影响医养融合可持续运行的重要因素，社会医疗保险和长期护理保险制度能为医养结合服务提供方和受益方提供必要的资金支持，而目前我国只有青岛、苏州、宁波等十多个试点城市的部分区域试点长期护理保险制度，绝大多数医养机构未被纳入医保定点支付范围，老年人入住医养机构的成本无法通过社会医疗保险和长期护理保险制度分担。以广西为例，截至2016年年底，全区仅有5家养老机构被纳入定点医保范围，能够实行医保结算。但广西尚未实施长期护理保险制度，医养机构提供的医疗护理服务大多不在医保支付范围，使得入住医养机构的老年人无法通过医疗保险来减轻医

---

① 广西壮族自治区民政厅编：《广西民政理论与实践——广西民政政策理论研究成果选编（2016）》，中国社会出版社2017年版，第39—43页。

养成本，只能通过自付方式进行结算。主要生活来源是衡量老年人经济独立程度的重要指标。根据2014年中国老年社会追踪调查（CLASS）数据，老年人生活来源最主要的前三项分别为自己的离退休金或养老金（46.18%）、子女的资助（21.68%）以及自己劳动或工作所得（16.12%），这说明近年来我国养老保障金取得了很大进步，老年人特别是城市老年人的经济独立性增强。[1]但不同地区、不同类型老年人的养老金差别大。根据CLASS2014年调查数据计算各类老年人养老金的中位数，从高到低依次是机关事业单位离退休老年人的养老金（3000元）、城镇职工基本养老金（2300元）、城镇居民社会养老金（1070.9元），而农村社会养老保险金中位数仅为60元。[1]就整体而言，具有较高服务水平的医养机构目前发展处于摸索阶段并以零星分散的经营模式来开展，前期投入过高，在规模效益上无法实现，在收费上还是大大超出老年人口的承受能力，因此，老年人对控制养老成本的现实需要也是显而易见的，这样导致医养融合有效需求降低，进而使得医养机构医养功能日渐萎缩。老年人口对控制养老成本的现实需要成为医养机构发展选择必须考虑的问题。在社区调研时发现，老百姓对于养老开支还是相对"矜持"的，王大爷的说法很有代表性：

> 尽管当前老百姓经济条件大大改善了，但是老年人在经济上还是不像年轻人一样是一种递增的状态，为此，无论是日常经济开销还是在养老服务开销上，大手笔花钱是不太可能，当前一些条件较好的养老机构在费用上也是居高不下，老年人要普遍享受医养一体化的综合服务，还有赖于医养机构进一步控制成本，才能成为一种老百姓能享受的服务。（个案135）

---

[1] 杜鹏等：《中国老年人的养老需求及家庭和社会养老资源现状——基于2014年中国老年社会追踪调查的分析》，《人口研究》2016年第6期。

第四章　广西城市医养融合参与主体的行动目标及其合作困境

通过以上梳理，笔者发现广西医养融合实践的多元主体有着各自不同的行动目标。其中，政府始终是作为决策者、引导者，起着决定和主导作用；医养机构作为医疗资源和养老资源的供给者，必须保障主体功能和协调与其他组织的多维关系，从而确保医养一体化服务得以实现；社区作为承接普惠化医养融合服务的基本载体，可以为医养融合发展发挥"搭台唱戏"的助推作用；老年群体是医养融合服务的需求者，其改善养老体验和控制养老成本的目标是医养融合发展首要考虑的问题。各个行动主体在实践过程中，逐渐发展形成了政府引导、社会参与、市场推动的医养融合发展模式，通过促进医疗卫生资源与养老服务的优化组合，不断满足老年群体多层次、多样化、个性化的养老服务需求，为提升老年人口健康水平，推动养老事业全面有序发展起到了重要作用。

二　广西城市医养融合参与主体的多维互动

医养融合实践是多主体参与的过程，但由于目标不同，各行为主体的行动策略也不尽相同，进而使参与主体之间，尤其是政府与医养机构之间、医疗机构和养老机构之间、医养机构和城市社区之间以及医养机构和老年人口的互动关系呈现出不同的特点，最终共同推动医养融合的发展。

（一）政府与医养机构的双向增权

政府与市场（医养机构）作为医养融合的主要供给主体，两者间的相互作用是推动其不断发展的动力，医养融合服务是在政府与市场的权利、责任和职能划分的演进中不断孕育、成熟的。[1] 20世纪70年代以来，在福利国家危机和人口老龄化的背景下，养老服务从强调

---

[1] 付诚、王一：《政府与市场的双向增权——社会化养老服务的合作逻辑》，《吉林大学社会科学学报》2010年第5期。

政府责任的"制度论"走向"发展论",吉登斯的"第三条道路"和"积极的福利"思想是其中较有代表性的观点,他主张培育国家、企业、个人三者彼此协调负责、积极互动、充满活力的公民社会。① 西方的民营化实践很好地说明了福利服务提供者和福利服务生产者的角色是可以分开的,政府不再具体操作办理,并不意味着否定养老服务的社会公益性质和政府的主体责任地位,政府仍然作为主要的出资者、政策法规的制订者与监督者。② 近年来,在市场需求驱动下,我国养老机构逐步打破传统养老服务的供给模式,逐步探索不同的医养融合模式,也就是萌芽初期的"延伸模式"和"协作模式",这两种模式都在一定程度上满足了老年群体的医养融合需求。由于医养融合从市场需求推动逐步发展成针对缓解老龄化问题的重要途径,逐渐被认为是缓解我国老龄化问题的必由之路,随着医养融合制度化的不断推进,由此在实践中形成的医养融合模式逐渐被现有体制所吸纳,国家通过政策手段对现存医养融合模式进行塑造,从而逐渐把医养融合市场驱动发展时的主张和行为模式进行完善。医养融合主要是由市场驱动发展起来的,但是实质是以社会力量办社会服务,为此,医养融合在发展过程中不断向国家倡导的方向发展,通过与政府的合作,主动调整以便获得体制内有关资源的支持。从这个意义上讲,国家和社会对医养融合具有一种塑造与吸纳的作用,由此也推动了医养融合的发展。对于政府和医养机构的双向增权,广西大学谢教授认为:

  在国家政策的持续推动下,一些从事养老服务的主体开始意识到,政府越来越关注和支持养老服务创新发展,其中,医养机构作为一种新型综合养老机构不断得到政府的重视和认可,这也是政府职能改革朝纵深发展的一个体现,换言之,一些社会力量

---

  ① [英]安东尼·吉登斯:《第三条道路——社会民主主义的复兴》,郑戈、黄平译,生活·读书·新知三联书店2000年版,第120—121页。
  ② 付诚、王一:《政府与市场的双向增权——社会化养老服务的合作逻辑》,《吉林大学社会科学学报》2010年第5期。

第四章　广西城市医养融合参与主体的行动目标及其合作困境

逐渐成为推动政府职能改革的重要动力来源，对于医养机构而言，它们的成长和发展是与政府机构改革同步的，因此，两者之间的双向增权是必然的。(个案A6)

从广西的调查来看，政府与医养机构的互动主要体现在：一是政府转变角色，在医养融合服务供给中由"支配地位"转为"主导地位"，侧重顶层制度设计、资金引入、监督、评估等方面职能的发挥，由直接供给变为间接调控；释放更多空间给市场（医养机构），走向政府、市场、社会组织等多方参与、有效互动和整合协同的格局。[①]二是政府通过有效的宣传引导教育，增强全社会的健康养老认知，形成健康养老的社会共识，营造社会支持环境，为医养机构的发展提供有力的外部支持，推动健康养老产业的发展，反过来进一步推动政府社会养老服务体系的完善。三是通过政府与医养机构的双向增权，避免低资质医养机构的大量重复供给，同时防止过度市场化导致的服务价格畸高或社会排斥，最终实现社会化养老服务领域社会效益和经济效益的统一。[②]近年来，广西各级政府大力支持公建民营、民办公助、政府补贴、购买服务等形式鼓励医养机构的发展。如公建民营的广西重阳老年公寓拥有政府背景，较之民营医养机构更具备社会合法性，更易受到老百姓的信赖，拥有更好的社会声誉，这种公建民营的形式使得广西重阳老年公寓避免了公办医养机构积极性差、效率低等诸多问题，激发了公寓活力，推动了公寓发展，在广西医养融合事业中起到引领示范作用，进而提高广西医养融合服务业总体水平，政府公信力和权威也得到提升。四是医养机构不断回应政府的要求，赢得政府更多的支持。在初期，医养机构主要是满足老年人基本的医疗护理和日常生活照料的需求；随后，又响应政府推进中医药、壮瑶医药与医养服务融合发展的要求；最近，医养机构又积极回应政府提出的在医

[①] 邓大松、李玉娇：《医养结合养老模式：制度理性、供需困境与模式创新》，《新疆师范大学学报》（哲学社会科学版）2018年第1期。

养融合服务中注入社会工作方法的要求。在与政府部门的合作过程中，医养机构也积极建言献策，不断调整和拓展医养融合服务内容，医养机构的创新意识和差异化供给的策略能够获得政府更多的支持，医养机构作为医养融合服务的供给方，也是医养融合制度的探索者和积极建构者。

（二）医疗机构与养老机构的互利共赢

如前文所述，随着人口老龄化的日益严峻，老年群体的医疗卫生服务需求和生活照料需求叠加的趋势越来越显著，而目前有限的医疗卫生和养老服务资源以及彼此相对独立的服务体系远远不能满足老年人的需要。[1] 医疗机构和养老机构均面临着资源不足和功能缺失的困境，从而具有维系合作的充分意愿，医疗机构和养老机构通过合作实现功能互补、资源耦合、效率改善的基本目标，达到互利共赢。

如前文所述，医疗机构和养老机构通过协作，发挥各自的医疗与养老优势，可以为自身谋得在价值链上的竞争优势，实现成本较低、优势互补、合作共享、价值倍增的效应。第一，提升了医疗机构和养老机构的运作效率。对于大医院而言，提高医院床位周转率、使用率，避免有限医疗资源被不合理运用，让有限的优质医疗资源用在刀刃上，提高医疗资源有效利用率，同时也减轻了国家医疗保险资金的负担。对于小医院而言，提高了病床使用率，盘活了闲置的医疗资源，增加了经济效益。第二，提高了养老机构和医疗机构的经济效益。养老机构有了医疗资源的供给，获得了专业的医疗技术支持，养老机构就能更加专注养老服务本身的为老服务内容，进一步提升机构的服务质量；此外，养老机构为医疗机构链接了稳定的医疗客户资源，降低了医疗机构医疗资源的空置成本，使自身性能使用得到优

---

[1] 国务院办公厅：《国务院办公厅转发卫生计生委等部门关于推进医疗卫生与养老服务相结合指导意见的通知》（国办发〔2015〕84号），《中华人民共和国国务院公报》2015年第33期。

第四章 广西城市医养融合参与主体的行动目标及其合作困境

化,缩短了盈利周期,提升了医院经济效益,而且降低了经济效益较差的医疗机构(尤其是民营医院)为提高竞争力而盲目扩大规模的风险,使其更具资源利用率的优势。第三,提升医疗机构和养老机构的合法性。协作模式作为一个联合体,实行医疗服务和养老服务分开经营模式,更利于各方打造特色服务,通过树立品牌获得社会认可,从而吸收更多社会资本的投入,实现经济效益与社会效益双赢。从合作关系上来说,协作模式是双边或多边治理,养老机构与医疗机构均是独立的法人,双方没有隶属关系,彼此之间的合作建立在协商一致的契约以及信任的基础上,分工明确,权责清晰,便于操作。广西北海市博铧医院和海合老年公寓的合作、广西太和自在城和广西和正医院的合作就是很好的例证。对此,北海市卫计委罗处长认为:

> 医养机构在北海发展是很有积极性的,但是刚开始几年,发展却很缓慢,主要原因是政策支持不到位和主体合作不稳定;但是近三年来,随着政策的愈加明朗化和具体化,医养机构的发展迎来新的机遇,通过政府推动、优化合作、磨合运行,逐渐形成了一些成熟经验,对医养融合的实践指导水平也有了提升,一些坚持做下来的医养机构开始逐步实现互利共赢。(个案A7)

但是,不管是养老机构还是医疗机构,都是理性行动者的组织,其行动目标诚如科尔曼指出的那样[1],"行动者只有一个行动原则:最大限度地实现个人利益"[2],也即追求利益最大化。但相对而言,医疗资源比养老资源更具有稀缺性,因此医疗服务比养老服务更昂贵。而且养老服务属于投资大、风险高、回报周期长的服务项目。对于医疗水平高的医疗机构而言,由于其医疗资源紧张、经济效益高,与养老机构合作提供医养融合服务会增加其运营成本、降低经济效

---

[1] 陈宇:《医养融合的内在冲突及其制度化途径》,《学术论坛》2017年第2期。
[2] [美]詹姆斯·S.科尔曼:《社会理论的基础》,邓方译,社会科学文献出版社2008年版,第36页。

益，因此与养老机构合作的动力不足。调研发现，与养老机构合作的医疗机构绝大部分是民营医院或二级以下的公立医院。

（三）医养机构与城市社区的耦合协同

虽然医养机构逐渐赢得民政、卫生、老龄委等相关政府部门的信任和认可，为医养机构嵌入社区创造了良好条件，但这不意味着社区会支持和配合医养机构提供服务。在一些社区看来，医养机构提供医养融合服务实质上是在与他们争夺基层政府有限的财政资源，并可能会降低他们在政府、社区居民中的影响力。

但医养机构不是脱离社区存在的独立组织形态，在一定程度上是与社区联系相对紧密的组织，其有效供给离不开社区的参与和协助。因为社区居委会对老年人及其家庭信息的知晓程度明显高于外来的医养机构，且社区居民对社区居委会的信任度较高[1]，而对外来医养机构的信任度偏低，尤其是在医养机构进驻社区的初期更是如此。因此，医养机构负责人意识到医养融合服务的顺利开展需要克服社区居委会的排斥，赢得其支持和配合。

随着社会福利社会化理念的深入，目前广西也有部分医养融合政府购买服务项目，一些地市民政局、各区民政局都拿出经费购买医养融合服务，这引起了社区的强烈不满，并将矛头指向了外来的医养机构，社区居委会试图以直接拒绝或消极合作的方式进行阻挠。为了化解与社区的利益冲突，医养机构积极与社区居委会沟通，在一定程度上缓解了社区居委会的不满；医养机构还寻找合适的时机让政府部门对其工作进行肯定，也在一定程度上缓解了社区居委会的不满。按照医养机构和政府部门签订的购买协议，入驻社区的医养机构要接受社区居委会的监督。医养机构为获得社区的支持，相关负责人注重定期向社区居委会汇报老年人的情况，如果遇到突发事件，第一时间向社

---

[1] 张旭升：《政府购买居家养老服务参与在主体的行动逻辑研究》，中国社会科学出版社2016年版，第73页。

第四章 广西城市医养融合参与主体的行动目标及其合作困境

区居委会汇报,并积极配合社区做好危机干预。医养机构这种信息共享和大力支持社区的行动有效降低了社区获取老年人信息的成本,为社区预防和处理突发事件赢得了宝贵时间,社区对此更加认可医养机构的工作成效。因此,在与社区合作的过程中,医养机构始终坚持做好服务,以赢得地方政府和社区居委会对工作的肯定,用主动沟通的办法缓解利益冲突,并尽量做到与社区信息共享,扮演社区老年工作的"信息员""好帮手"角色,实现互利共赢,展示了其化解矛盾与冲突的沟通协调能力,以及善于发现并满足社区居委会的需求并促成共赢的智慧,有效地促进了医养机构与社区信任文化的渗透、内植,医养机构的合法性在这一过程中得到提升,为其长久地嵌入社区治理结构创造了良好的条件。

随着医养机构不断深化发展,它将逐步发展成城市社区医养服务的重要支撑力量,并通过自身的组织模式渗透到城市社区养老服务体系中,这是一种既相互合作又相互制约的耦合协同效应。从广西南宁的情况来看,随着医养机构逐步发展壮大,与城市社区之间的互动、联动和聚集效应不断增强。医养机构与城市社区相互共享养老设施、志愿者服务、老年服务团队等资源;医养机构通过信息平台,把城市社区不能高效利用的老年人健康信息用于医养融合服务,提升了医养机构和社区居委会服务社区居民的效率。2016年,南宁市在进一步加快推进全国养老服务业综合改革试点城市和自治区养老服务业综合改革试验区的核心区建设中,重点打造10个城市养老服务中心、26个社区日间照料中心、强化公办养老机构示范和"托底"保障作用;同时,发展以"医养结合"为重点的多业态健康养老模式,引导社会资本进入养老产业,推动养老产业集聚区建设,创建一批升级"健康养老小镇"。

事实上,医养机构和城市社区的耦合协同不仅是老年人信息、养老设施的共享,更是市场、生产要素、服务创新等全方位的合作和协同发展。两者的耦合协同为城市社区医养融合服务提供了一种更为普遍、更为高效的发展模式,从而促使医养融合服务不断发展为城市社区老年群体的一项普惠式养老服务。

（四）医养机构与老年人口的供需互动

老年人是医养融合的服务对象（需求方），医养机构是医养融合服务的直接供给方，医养机构要实现可持续性发展，除了国家政策持续推动，与政府部门、社区及合作双方形成良好的互动之外，还需要加强自身与老年人之间的互动，从而促进供需平衡以实现长效发展。在供给方向需求方提供服务的过程中，医养机构和老年群体之间既存在权威整合（主要指技术权威），也存在价格整合（主要指供给方的定价策略在一定程度上受购买方支付能力和意愿的影响），还存在信任整合（主要指填补权威整合和价格整合产生的刚性缝隙）。

在医养融合服务过程中，医养机构和老年人之间的信息是不对称的，因此，他们之间会产生权力关系。"权力意味着在某种社会关系中贯彻自己的意志并排除反抗的所有机会，不管它是基于什么原因。"[1] 而权威是合法化的权力。正如北海市民政局福利科李科长所言：

> 养老机构跟老年人、家属之间的关系不是平等的，尤其是跟医疗护理的内容相关时。家属抱怨说了解养老机构的东西不够多，最终得听机构的安排，自主性小；养老机构也会说经常不知道家属和老年人究竟心里想什么，提供的服务不好又怕家属闹，所以有时候得围着老年人团团转。（个案112）

在供需服务过程中，相对于技术而言，医养机构处于上端，老年人是被动的，这里存在技术权威的整合。正如张爷爷的儿子所言：

> 我们不会医学，老人生病了只能靠医生，医生说什么，我们只能按照医生说的做，为了不让我这个失能的母亲身体太遭罪，

---

[1] ［美］韦伯：《经济与社会》，阎克文译，上海人民出版社2010年版，第79—83页。

第四章 广西城市医养融合参与主体的行动目标及其合作困境

护理褥疮等也是要听护士、护理员的，按照她们的要求配合她们，因为这些都是我们不懂的技术。（个案112）

相对于服务关系而言，老年人是上帝，医养机构是服务提供者，这里存在价格整合。由于信息不对称，医养融合服务过程中可能产生技术整合和价格整合的刚性缝隙，可以通过信任整合填补。正如海合老年公寓刘院长所言：

> 我们这里价格很便宜，收费贵不了，贵了就没有人来了。我们都是在有限的收费中给老人安排更好的服务，获得稳定的客源，我这里很多老人都是住了五六年的。以前我们没有社会工作服务，现在我知道社工在养老机构的重要性，但是我们北海这里政府购买服务还没有养老机构的社工服务，北海这四家大的养老机构就决定，我们自己掏钱购买社工服务，因为我去国外、去外省参观，有社工服务跟没有社工服务的养老机构相比，人文关怀、老人和家属的满意度真是不一样。老人和家属都更喜欢有社工的养老机构，觉得好。（个案112）

在此过程中，老年人及其家庭根据自身的情况以及医养服务项目的价格，向医养机构提出具体的服务需求，机构派出相应的医养服务人员提供相关服务。医养服务人员服务结束后，老年人及其家庭会对服务内容进行确认，对医养机构支付相应的服务费用，并对服务质量进行评价，这个过程是在服务供给者和需求者双方均在场的情况下完成的，服务需求者参与了医养融合的生产过程，相关的数据会反馈到医养机构、社区、政府相关部门当中，服务需求者对服务供给者的态度、行为以及评价会直接或间接地影响到医养融合服务的质量和水平。据桂林夕阳红养老中心覃副院长反映：

> 我们这里有专门的部门负责服务质量追踪的，有服务质量满意

度调查,如果每个月有 3 个老年人或家属对某个工作人员有意见,我们就密切监督那个人,跟他面谈如何干好自己的工作,再下一个月,如果他的情况依然是这样,那我们就解聘他。(个案 112)

服务流程的系统化、制度化、服务过程充满人文关怀、老年人和服务人员良好的双向沟通,都有助于信任关系的建立。正如桂林夕阳红养老中心梁奶奶所言:

我很喜欢这里,住了五年多了,在这里环境好,这些工作人员对我也很好,每天都有很多活动,折纸、插花、看电影,我有时候不想去,就在房间看书,她们小姑娘又会过来问候我。我们想吃什么套餐就告诉护工,想要什么康复理疗也告诉医生,医生会过来跟我说,给我提建议,我觉得很好。我的孩子上班很忙的,他们也要带小孩,所以我在这里养老很好。(个案 112)

在这个过程当中,老年人不仅是服务质量的监督者、服务效果的评判者,还是服务合作的生产者[①],对医养机构的发展有重要的影响;医养机构则根据老年人及其家庭、社区、政府的信息反馈,调整服务价格及其服务内容,以更好地满足老年人的需求。随着老年人对医养服务意识的不断觉醒以及对医养融合需求的多样化,医养机构必须不断积极推动专业化、职业化的医养服务队伍建设,从根本上促使医养融合服务的供需平衡,以建立更好的信任整合,获得更高的社会合法性。

三 广西城市医养融合实践主体的合作困境

如前所述,协作模式意味着医养融合的参与主体更加多元化,相

[①] 张旭升:《政府购买居家养老服务参与在主体的行动逻辑研究》,中国社会科学出版社 2016 年版,第 129—130 页。

第四章 广西城市医养融合参与主体的行动目标及其合作困境

应也使关系结构更加复杂化。由于多元参与主体的行动目标各不相同,必然使各行为主体的行动逻辑或说行动策略不同,进而使参与主体之间,尤其是政府与医养机构之间、医疗机构与养老机构之间、医养机构与城市社区之间以及医养机构与老年人口的互动关系呈现不同的特点,由此又导致一系列的合作困境。

(一)竞争困境

在资源有限的情况下,医养融合各行为主体之间的竞争是客观存在的,"作为理性的个体,每个人都在追求自己的利益"[1],各行为主体可能会采取对部门利益或个人利益有利的行为,毕竟从理性人角度,只有经过竞争才能更好地获得相应的价值物,进而提升自身的发展和品质;但如果竞争过度,往往会造成医养融合相关主体之间的合作停滞。可见,医养机构各主体之间的竞争困境在于无法对竞争关系进行有效平衡,由此造成合作上的困境。

1. 医养融合机制不健全造成过度竞争

医疗机构和养老机构存在利益竞争,每个主体都想从合作中争取最大化利益,为此会造成医养融合共同目标的偏差和合作意愿降低。作为政策执行参与主体的医疗机构和养老机构,同样面临着合作、博弈的利益诉求。[2]正如桂林夕阳红养老中心陈院长所言:

> 我认为现在要医疗机构和养老机构协作很难,收了老人的费用怎么分?医疗机构认为自己功劳大,因为医疗技术性强,但是养老机构也不甘心,认为老人主要是以养老为主,医疗是辅助。(个案119)

无论是在养老机构中设立医疗机构,还是在医疗机构内设养老机

---

[1] 张维迎:《博弈与社会》,北京大学出版社2013年版,第35—38页。
[2] 安秀芳、孙印峰:《刍议"医养结合"政策执行变形风险与规避》,《老龄科学研究》2016年第5期。

构,或者将医院转型为医养融合机构,或者将养老机构和医疗机构近距离规划、合作服务,都迫切需要大量的改建资金和财政补贴,在医养融合政策驱动下,医疗机构和养老机构之间必然采取竞争的方式去获取资源,然而在现有制度及规则不完善的情况下,医疗机构无论是在资源上还是在地位上都具有养老机构所不可比拟的优势,资源的竞争过度必然造成资源分配的不平等,由此产生竞争上的困境。正如广西社会福利中心覃主任所言:

> 大家都认为养老服务是朝阳产业,但是养老服务的特点是"投入大、风险大、收益慢",不管是哪种形式的医养融合,在养老机构中设立医疗机构,还是在医疗机构内设养老机构,或者将医院转型为医养融合机构,或者是养老机构和医疗机构合作服务,都迫切需要大量的改建资金,光是房租就是一个很大的问题,很多社会资本蠢蠢欲动,但是又在观望,总想抓住机会跟政府合作,觉得有保障。有些人就钻空子,比如说床位建设经费补贴。举个例子,我们给床位补贴就按注册登记的床位数,但是有很多床位实际还没有运营。钦州市有一个养老机构,它先办一个护理院,按二级医院资质,所以可以是住院医保定点单位,就有很多老人想去那里养老。而大部分养老机构都没有住院医保,竞争不过有医保的机构。(个案104)

2. 资源配置方式不合理容易导致垄断

在医养融合制度运行初期,政府部门的购买服务通过自主选择和委托的方式,与医养机构进行合作,但这种购买并不是典型意义上的竞争性购买。据北海市民政局陈副局长反映:

> 现在养老服务的政府购买服务通过公开招标、定向委托、邀标等形式进行,但是很多时候,我们也把握不准用哪种形式合适。有时候我们用竞争性磋商谈判的形式竞标,但是又出现低价

中标的情况，我们很不好把握，低价中标导致我们的钱没有使用充分，社会组织低价中标，后期难以保证服务质量，我们也很头疼。（个案106）

当然，政府部门随着医养融合实践的推进，也在不断地培育更多的医养融合组织，这在无形中给这些组织施加了一定的压力。但我们也看到，一旦抓住先机的医养机构与政府部门展开合作，它在发展过程中必然具有优于其他医养机构所不具有的关系优势、资源优势，这种优势也必然进一步拉大该组织与其他组织间的差距。[①] 这使得政府购买过程中，竞争性供给的局面难以形成。因此，基层政府在医养机构培育的过程中，不仅要通过优惠政策扶持医养机构的成长，而且也要防止个别医养机构垄断资源的现象出现。

3. 争相逐利容易滋生投机行为

医养机构要保持持续发展的生机活力，必然离不开市场环境下的优胜劣汰机制，因此，医养机构在市场条件下千方百计地从外部引入新鲜血液，借助专业团队和管理技术，提高医养一体化服务的效率和质量。此外，医养机构要想确保其可持续发展，就要兼顾好公益性和商业性，特别要把公益性放在首位，但如果医养机构在运营中没有获得预期商业收益，各相关主体又是没有积极性的，甚至机构在市场中无法存活下去。在相对激烈的市场竞争中，不免出现这样的一种情形：一些医养机构采取各种机会主义行为与其他医养机构进行竞争，从而造成资源配置的偏差，难以促进资源优化配置，造成另一种发展中的不平等。换言之，由于采取机会主义竞争导致了医养机构在公益性、普惠性发展定位上的偏失，陷入了发展目标与预期错位的困境。正如桂林市民政局福利科李科长所言：

---

① 张旭升：《政府购买居家养老服务参与在主体的行动逻辑研究》，中国社会科学出版社2016年版，第176页。

之前我们有一个 30 万元的居家养老政府购买服务项目，竞标时被一个民非企用 18 万就拿下了，我认为他们没办法完成我们要求的指标。但是他们的材料做得很好，我们是公平打分的，听说法人是一个做生意的人，他们可能想通过政府购买服务推销一些老年产品和服务，所以宁可低价中标，这样很容易使政府购买服务最后变质。(个案 118)

4. 政绩竞争容易使政府有关部门相互掣肘

医养融合政策作为以特定目标为取向的行动计划，是对养老、医疗、医保等公共资源进行选择、综合、分配和落实，因此涉及多部门利益，必然存在不少的阻碍和困难，正如美国政策学者艾利森指出的"在实现政策目标的过程中，方案确定的功能只占 10%，而其余 90% 取决于有效的执行"[①]。这种由"多头管理"而产生的问题严重制约了"医养结合"型养老机构的健康发展。[②] 由于政策执行过程中涉及多个政策部门的分工合作，就有可能会出现各部门为了自身利益，加入原有政策体系所没有的内容，扩大政策的目标、范围。政策执行的结果却有可能是原政策的重点被分散、目的发生偏离[③]。医养融合政策在执行过程中，还可能出现政策执行者表面上积极执行政策，但实际上对政策执行过程中所需的人力、经费、具体政策等并不加以配套，导致政策被空置的现象。正如广西民政厅福利处黄副处长所言：

医养融合业务涉及的政府部门很多，包括民政厅、卫生厅、卫计委、发改委、住建局、消防局、土地局等等。现在没有一个

---

① 安秀芳、孙印峰：《刍议"医养结合"政策执行变形风险与规避》，《老龄科学研究》2016 年第 5 期。
② 陈俊峰、王硕：《城市"医养结合"型养老存在的问题及其解决途径——以合肥市为例》，《城市问题》2016 年第 6 期。
③ 安秀芳、孙印峰：《刍议"医养结合"政策执行变形风险与规避》，《老龄科学研究》2016 年第 5 期。

医养融合统一安排的小组，大家的工作重点都不一样，很多时候出发点也不一样。比如说人设厅担心养老服务一旦允许办理住院医保，就容易出现医保套保的问题，所以轻易不松口。我们民政厅认为，符合要求的养老院可以办理住院医保，老人就医便捷了，节省了老人的医疗费用，医院的资源也可以更好地利用，至于套保问题，我们认为可以通过监督解决。但问题是，现在确实没有专门的部门去管理和监督。（个案106）

按我国相关政策规定，非营利性的民办养老院享有建设补贴、床位补贴、税费减免、水电优惠等，但在实际执行过程中可能会遇到难以落实到位的问题。有些地区公立养老、医疗卫生资源丰富，服务实力则相对较强；但有些地方政府如果追求公共服务政绩，有可能会消极、隐蔽医养融合机构的社会化发展，不利于社会力量充分参与开展医养机构。如提高营利性医养机构的资产抵押贷款、银行贷款门槛；限制外资在合资合作医疗机构的持股比例等，从而导致医养机构融资难题。又如，在推进医养融合发展中，一些地方政府为率先达到"医养融合"的轰动效应而举重点之力打造试点，将有限的资源向试点倾斜，选择性地忽略"医养融合"服务的公平性和公正性。正如广西社会福利中心覃主任所言：

我们自治区级以及下面地市最近几年计划要做几个医养结合示范基地，其实很多都是高端养老机构，在郊区，从便利性上来说就不方便老年人出行、家属探望。这些高端养老机构确实有打着养老的名义办养老地产的嫌疑，他们的用地都是五六千亩的，太大了。这些高端养老机构建成后，究竟有多少老年人会去那里养老，又有多少老年人有消费能力，我心里还是打个问号的。我觉得我们更需要普惠型的养老机构。（个案106）

（二）协同困境

医养融合是一个多元主体行动，促进并实现一致或说协同行动至关重要。医养融合协同是指两个或两个以上的不同资源或主体，围绕医养融合目标开展一致行动、完成深度合作的过程与能力。在医养融合的初始阶段，各主体的行动不仅难以形成一致，很多时候还出现一种无序的局面。在各要素及主体的互动中，由于个体理性的决策常常与集体理性相冲突，加之资源有限、政策不完备、机制不健全等原因，多元主体之间会出现协同困境。

1. 非对称性资源依赖可能削弱医疗机构与养老机构的合作意愿

在广西医养融合实践当中，医疗机构与养老机构的合作大体有四种情形：一是"吃不饱"型医疗机构与养老机构之间的合作。"吃不饱"型医疗机构是指那些由于外部市场变化或自身转型困难而出现生存危机的医疗机构，通过资源重组与养老机构合作开展综合养老服务，这种合作通常属于"弱弱联合型"。二是条件较好的医疗机构与养老机构之间的合作，即医疗机构为进一步发挥其资源优势而与养老机构合作，以便将自身的服务范围延展到养老服务领域，打造医养融合品牌，所以这种合作通常可称为"强弱联合型"。三是在国家相关政策推动下，医疗机构和养老机构为了获得政策上的优惠或者其他资源，比如资金的倾斜投入而采取的合作。这种合作往往是合作双方为获得共同利益而采取的联合行动，我们姑且称之为"政策诱导下的联合逐利型"。四是强强联合型。这是一种至少表面上比较理想的合作类型，意指两个资源条件较好的医疗机构与养老机构为优化资源配置而采取的联合行动。[1]

很显然，医疗机构与养老机构合作的上述四种情形，都以效率机制作为其联合的基础，都希望"最大限度实现个人利益并能够控制资源和获利于资源"[2]。无论在何种情形下，合作主体不仅存在着不同的利益，而且还存在着资源类别、存量和质量等方面的差异。这些差异既是它们合作的动因，也是它们相互冲突的主要根源。当"行动者

---

[1] 陈宇：《医养融合的内在冲突及其制度化途径》，《学术论坛》2017年第2期。
[2] [美]詹姆斯·S.科尔曼：《社会理论的基础》，邓方译，社会科学文献出版社2008年版，第37页。

第四章 广西城市医养融合参与主体的行动目标及其合作困境

对能够使其利益获得满足的各种活动并不能实现完全控制,他们发现部分使其获利的活动处于其他行动者的控制之下"[1]的时候,合作双方在形成联合需求的同时,也埋下了冲突的种子。特别是当"一方更依赖另一方,关系为非对称性资源依赖"[2]时,权力将变得不平等[3],进而使双方的交换也不平等,强势方往往会通过权力影响弱势方的行为,甚至侵害弱势方的利益,使弱势方感觉失去了自治能力,从而降低合作意愿甚至终止合作。当然也有另一种可能,即在合作过程中,强势一方认为另一方过于依赖自己并使自己受到拖累,由此也会降低合作意愿甚至中止合作,即便是"强强联合型"也可能因为信息不对称问题而导致类似的结果。[4]

由于医院是为全社会患者提供医疗卫生服务的医疗机构,将医院转型为医养融合机构对大中型公立医院来说是不划算的,对中小型医疗机构来说则是不现实的。从医疗资源来看,大中型公立医院医疗设备先进且齐全、护理水平较高、医院床位的需求量较大、床位经常出现供不应求的现象,因此,尽管大中型医院医疗资源丰富,但是利用率较高,已经没有多余的能力来开展养老服务,加之医患关系紧张、医疗纠纷风险较大,大中型医院缺乏将其优质有限的医疗资源提供给养老机构的动力。正如北海市海合老年公寓刘院长所言:

> 我在2008年就开始做医养融合,刚开始,我想找北海市第二人民医院,我去跟他们沟通了,但是他们不愿意,公立医院多干一点少干一点,工资都是一样的,跟我们合作,他们更辛苦,又得不到额外太多的钱,而且平时"二医"病人也比较多,他们也是比较

---

[1] [美]詹姆斯·S.科尔曼:《社会理论的基础》,邓方译,社会科学文献出版社2008年版,第29页。
[2] Emerson. R. M., "Power-Dependence Relations", *American Sociological Review*, Vol. 19, No. 1, January 1962.
[3] Salancik. G. R., Preffer. J., "The Bases and Use of Power in Organizational Decision Making: The Case of a University", *Administrative Science Quarterly*, Vol. 13, No. 4, April 1974.
[4] 陈宇:《医养融合的内在冲突及其制度化途径》,《学术论坛》2017年第2期。

忙的。如果想跟北海市第一人民医院合作，那更加不可能了，他们不愁病人。而且跟我们合作有时候还会面临医疗纠纷，他们怕承担责任。最后我才找到博铧医院，它是民营医院，自负盈亏，这个民营医院病人不多，他们的医生很闲，很多病床是空的。博铧医院跟我们合作，提高了病床使用率，盘活了闲置的医疗资源，增加了经济效益，所以他们才乐意跟我们合作。（案例110）

而中小型医疗机构和民营医院医疗设备不齐全而且落后、护理水平较差、专业护理人才缺乏、患者相对较少、医院床位的空置率很高，因此，在医疗资源相对稀缺的条件下，中小型医疗机构即使想转型却没有能力提供优质的医疗卫生服务。从医院的经济效益来看，尽管医院是面向全社会患者提供医疗服务且带有社会福利性质的组织，但归根到底还是以追求经济利润为目的的企业法人，然而养老服务却是一种微利甚至无利的公益性事业。大中型公立医院患者多，经济效益较好，发展医养融合不仅会分散医院的医疗资源，还会增加医院的经济负担及其运营成本，甚至会带来不必要的医疗纠纷风险，因而大中型医院不大愿意去开展医养融合服务。中小型医疗机构由于经济效益较差，本身就无力去提供除了基本医疗卫生服务之外的持久的养老服务。为此，在扶持政策不到位、资金供应紧张的前提下，医院缺乏与养老机构合作的动力。[①]

2. 较高的交易成本增加医疗机构与养老机构合作的难度

医养融合的实质是通过医疗机构和养老机构的合作，促进医疗资源与养老资源的融通，最终解决"养老院看不了病""医院养不了老"的现实难题，因此双方无疑具有一定的共同利益。但如前所述，合作双方的利益并不完全一致，而且资源类别、存量和质量等方面也存在差异。从交易成本学派的观点看，双方的合作实际上是一种交易，要维持这个交易需要付出一定的成本，包括协调成本和激励成本。交易成

---

① 陈宇：《医养融合的内在冲突及其制度化途径》，《学术论坛》2017年第2期。

第四章　广西城市医养融合参与主体的行动目标及其合作困境

本之所以产生，是因为交易双方的理性都是有限的交易过程中的信息不对称使投机行为成为可能，相应的"道德风险"[1]也由此产生。为了消除或降低这种风险，交易双方往往都会通过一系列的制度设计，采取各种防范措施来保障自身的利益，从而产生所谓的交易成本。这种成本的高低主要取决于交易内容（产品或服务）的专用性，同时也与交易的复杂性和不确定性具有密切的关系。就目前而言，医疗机构和养老机构之间合作或说交易不仅在内容上具有较高的专用性，而且交易过程的复杂性和不确定性也较强，交易成本相应也较高。这种情形不仅使双方建立合作关系面临相当大的困难，而且即便建立了合作关系，其脆弱性也相当明显。[2]正如北海市海合老年公寓刘院长所言：

> 现在国家没有相应的具体政策制度引导医疗机构跟养老机构合作，我们之间合作就是自己做一份合同，但是这份合同对合作双方而言都是很脆弱的，约束力很低。我们有利益分歧时，有时候纠结很久才能最后定下来，有时候家属有意见、闹矛盾，涉及医疗纠纷，博铧医院又不想承担责任，所以我觉得还是吃力。虽然这种合作的方式非常好、有前景，现在国家也在推进，但我还是担心合作难以长久。（个案106）

3. 合法性基础的差异和压力不均降低医疗机构与养老机构一致性行动能力

组织是环境的产物，它同时要面对两种环境，即技术环境和制度环境。这两种环境对组织的要求截然不同：前者要求组织服从效率机制，后者要求组织遵从合法性机制。作为一种技术结构，组织必须满足人们对效率的追求；但作为一种微观社会结构，作为"一个制度化的组织"，它又必须采用社会公认的形式、做法，以满足人们对合法

---

[1] 周雪光：《组织社会学十讲》，社会科学文献出版社2003年版，第51页。
[2] 陈宇：《医养融合的内在冲突及其制度化途径》，《学术论坛》2017年第2期。

性的追求，否则将对其未来发展造成极大困难。① 这里所谓的合法性，不仅指法律制度的作用，而且还包括文化制度、观念制度、社会期待等制度环境对组织行为的影响。这就意味着，组织追寻效率的行为有可能会影响其合法性，相反则有可能影响其效率。②

上述矛盾在医养融合发展过程中表现得尤为突出，并且在相当大的程度上加深了主体之间的合作困境。原因主要是医疗机构和养老机构是两种不同的组织，它们的合法性基础和压力是不完全一样的。尽管人们基本上都承认两者均具有公益性的成分，但由于医疗机构专业化水平高、规范性强、人财物力投入大，加之迄今为止的医疗资源特别是优质资源仍处于高度稀缺状态，所以其合法性门槛也相对较高，人们对其作为福利机构的期待并不太高，即便有很高期待，往往也不是直接求诸医疗机构，而是求诸国家政策或者制度，因而对医疗机构追求效率的行为也比较容易接受。反观养老机构，情形则大不相同。人们普遍认为，敬老养老既是一种传统美德，又是一种社会福利，所以更倾向于将责任主体定位于政府，更强调普惠性和公平性，更提倡人文关怀。也因为如此，对于养老机构为维持自身生存、谋求自我发展而开展的一些经营行为，人们即便认可，也会心存疑虑。这种差异使医疗机构和养老机构在采取一致性行动方面存在很大的困难。正如广西社会福利中心廖科长所言：

> 养老服务本身就有很强的公益性，公建民营的养老机构都要承担政府兜底服务。养老机构提供的一些服务如护理，本来在社会上就比医疗服务廉价很多，如医院的护工就比养老院的护理员收入高很多。双方合作，对于医疗资源来说，就觉得不划算。因此还是需要国家政策制度来调控、保障它们在合作过程中既能发挥公益性又能够有很好的发展。（个案105）

---

① 周雪光：《组织社会学十讲》，社会科学文献出版社2003年版，第72—75页。
② 陈宇：《医养融合的内在冲突及其制度化途径》，《学术论坛》2017年第2期。

这就不难理解，为何在国家政策大力倡导和扶持的情况下，医养融合的发展依然相当缓慢。事实上，笔者在对广西南宁、北海等地医养融合机构调查①过程中也发现类似的问题，合作双方往往更侧重于对各自所处的环境的要求做出反应，使彼此在合作目标、方式、内容等方面难以达成真正的共识，于是常常出现若即若离的现象。

4. 信息不对称导致医疗机构与养老机构的合作存在道德风险

在医养融合服务当中，医疗机构与养老机构服务老年人的技术是不一样的，因此在协作模式当中，合作双方有明显的信息不对称性。那么，在医疗机构和养老机构合作过程中，就容易产生道德风险。道德风险是指"在合同签订后，合同的一方拥有私人信息，其行为又不能被另一方在不付出代价的情况下观测到"②。而医疗机构和养老机构作为"理性人"，因为他们相互掌握的技术是不一样的，其利益也是不一样的，都期望获得更大的利益。当前，由于医疗资源的稀缺性更强，所以医疗机构是强势方。但对于养老服务而言，服务人员认为除了基本的日常照料外，在劳动过程中积极性情感的投入也是一种极其重要、有价值的资源，应该给予相应的肯定和回报。因为这种积极性的情感投入不仅需要服务人员注重服务伦理的内化，而且还需要服务人员对老年人的生理、心理、社会特征有必要的认知、理解，对老年人的需求有着较敏锐的洞察。因此，医疗机构与养老机构相互之间信息不对称，容易使投机行为成为可能，相应的"道德风险"也由此产生。③

（三）专业化困境

医养机构专业化困境的存在是跟医养服务领域"分而治之"以及老年人日益增长的对美好生活的向往内在相关的。医养融合的专业化

---

① 笔者对广西南宁、北海等地的医养融合养老机构开展调查时发现，一些从事了十几年养老院的经营和管理人员认为，由于缺乏社会行动，单靠养老院是无法满足老年人群体综合养老服务需求的，特别是在养老文化支持上，如人文关怀等，由于缺乏了社会力量的有效参与，养老院在这些方面显得力不从心。
② 周雪光：《组织社会学十讲》，社会科学文献出版社2003年版，第51页。
③ 陈宇：《医养融合的内在冲突及其制度化途径》，《学术论坛》2017年第2期。

困境，归结来说就是在医养一体化服务"综合"和"分治"矛盾的背景下，自身在服务及管理的专业化、职业专业化、专业化技能提升等方面存在壁垒，从而造成医养融合专业化的困境问题。

1. 跨行兼业问题难以解决

事实上，由于老年人的需求涵盖日常生活照料、医疗、护理、康复、保健、心理慰藉、灵性关怀等方面，可见老年人需求的满足是一个系统工程。但由于社会分工提高了各个专业的工作效率，现代社会分工越来越细。因此，即使在医养机构这个联合体当中，医疗和养老各自有不同的分工，但是对于医养融合服务整体而言，都或多或少存在难以解决的跨行兼业问题[①]，使得医养融合实践陷入专业化困境之中。一方面，在医养融合实践中，面临专业化服务和综合化服务之间矛盾。正如北海市博铧医院吴院长所言：

> 虽然说跟海合合作，我们主要是负责医疗这一块的业务，但是你面对的群体都是老年人，跟面对专科医院的病人还是不一样，业务转向老年病，技术上跟原来有所不同，老年人更注重保健疗养。我们提供一层的病房给海合要过来住院治疗的老年人，但是不管是硬件环境要求还是护理员的服务，跟养老机构还是有差别，感觉医院可能冰冷一点，海合养老机构温暖一点。（个案105）

另一方面，专业化人员专业能力提升瓶颈普遍存在，受制于知识水平、经验、培训等因素，专业化提升遇到壁垒，毕竟专业化是一个金字塔现象，并不是每个人都能掌握越来越专业的知识及技能，越是往上，专业性人才就越少。但是，医养融合服务又是一个越来越要求具有普惠性的服务。

---

① 陈俊峰、王硕：《城市"医养结合"型养老存在的问题及其解决途径——以合肥市为例》，《城市问题》2016年第6期。

2. 专业人才严重匮乏

医养融合是一项新生事物,国家对医养融合服务的相关政策出台也处于探索阶段,因此与之相关的各方面配套政策尚未完善。人才是医养融合服务的核心,但目前,国家尚未建立系统连贯的养老服务人才培养机制,也缺乏人才发展的激励机制,养老服务人才缺口巨大。我国当前养老服务质量总体水平不高,最直接的原因就是养老专业人才数量不足、结构不合理、专业化程度低。首先是养老管理人才短缺,近几年是我国老龄事业飞速发展时期,需要大量管理人才去推动养老服务业和养老企业的发展,而根据"十二城市调查",目前我国养老机构/企业的管理人员中大专及以上学历的仅占32%,中专及中学学历的占59%,小学及以下学历的占9%。[1] 缺乏高素质的管理人才队伍,组织就难以创新发展。正如广西重阳老年公寓杨副院长所言:

> 养老服务专业人才大量缺乏,我们公寓是由高校承办的公建民营养老机构,按道理说本高校培养了很多人才,可以往自己经营的养老机构输送人才,但实际却不然。我们培养的医生、护士毕业了都想去医院工作,不愿意到养老机构。因为医院有更好的发展前景,更容易评职称,待遇也更好。所以我们很难招到高学历人才,护士和管理人员大部分是中专的,其他医护人员大部分是大专的,护理员不少是小学和初中文化,都是周边的农村妇女过来当护理员。我们机构尚且如此,可想其他民营养老机构会是什么情形。(个案105)

此外,与老年人多样化需要相适应,养老服务需要相应的专业人才,如医疗、护理、康复、保健、心理、社工等专业人才提供全方位的服务。很多老年病具有并发症,亟须具备专业知识,并能提供连续

---

[1] 吴玉韶等:《中国养老机构发展研究报告》,华龄出版社2015年版,第46—51页。

性、综合性的医疗照顾、健康维持和疾病防控服务的全科医生，这些医生依托社区医院和医养机构提供个体化的上门服务、建档跟踪式服务，庞大的老年群体的有效需求正在于此。这种需求日益旺盛，而目前我国对这种全科医生的培养和普及尚处于起步阶段，有效供给严重不足。根据第四次中国城乡老年人生活状况抽样调查结果显示，截至2015年，我国失能半失能老年人口总数大约为4063万，占老年人口比例的18.3%；按照国际标准每3名失能老年人配备一名护理员推算，我国至少需要1300多万名护理员[1]，而目前全国从事养老护理工作的非职业医护人员近百万人，其中具有专业资格证书的初、中、高级和技师级养老护理员不到6万人[2]。正如桂林夕阳红养老中心梁主任所言：

> 我们现在每年都动员护理员去考证，这样他们的工作就逐步规范起来，但是很多护理员文化水平低，考护理员证还要会使用电脑，所以这也是一个难题。还有农村过来工作的一些妇女，本来照顾老人的动作就不规范，她们已经习惯了，要她们用专业手法考证，还是有很大的难度。（个案105）

虽然近年来国家出台了多项政策鼓励及支持相关专业人才的发展，老龄事业及产业也采取了许多优越条件吸引专业人才的加入，但由于人才培养跟不上老龄化的需要，整体上我国养老专业人才仍旧十分匮乏，与实际需求差距巨大。但专业人才的培养无疑是存在时间周期的，专业人才的匮乏使医养融合实践在较长时间内都面临一定的专业化困境。正如广西医科大学王教授所言：

---

[1] 代丽丽：《中国养老人才缺口显著 护理员需求至少15万人》，《北京晚报》2017年7月26日第3版。

[2] 王向南：《基于供给侧改革的养老服务业体系重构：一种治理的视角》，《税务与经济》2016年第4期。

第四章　广西城市医养融合参与主体的行动目标及其合作困境

老年服务与管理相关专业在我国是新专业,目前这方面的人才培养刚刚起步,以广西的"老年服务与管理"专业来说,2015年起我们学校办这个专业,是广西第一所办这个专业的高校,招生50人。在全国,目前还没有本科老年服务与管理专业。随着人口老龄化的推进,社会需要大量这方面的人才,国家要加快人才培养力度,培养层次也要衔接,否则人才供给缺口会越来越大。(个案105)

(四)合法性困境

医养机构作为一种组织,是环境的产物,它同时要面对两种环境,即技术环境和制度环境。这两种环境对组织的要求截然不同:前者要求组织服从效率机制,后者要求组织遵从合法性机制。作为一种技术结构,组织必须满足人们对效率的追求,但作为一种微观社会结构,作为"一个制度化的组织",它又必须采用社会公认的形式、做法,以满足人们对合法性的追求,否则将对其未来发展造成极大困难。[①] 这里所谓的合法性,不仅仅是指法律制度的作用,而且还包括文化制度、观念制度、社会期待等制度环境对组织行为的影响。[②] 这就意味着,组织追寻效率的行为有可能会影响其合法性,相反则有可能影响其效率。[③]

1. 医养融合实践中仍存在不少政策瓶颈

近年来,促进医养融合发展的政策文件密集出台,医养融合的发展速度日益加快,服务水平显著提升,但同时还有一些制约医养融合发展的关键政策尚待突破。

一是融资政策。医养融合是一项投资大、利润低、回报周期长的服务,只有拥有良好的融资能力才能保证资金链不断裂,推动医养融

[①] 周雪光:《组织社会学十讲》,社会科学文献出版社2003年版,第72页。
[②] 周雪光:《组织社会学十讲》,社会科学文献出版社2003年版,第75页。
[③] 陈宇:《医养融合的内在冲突及其制度化途径》,《学术论坛》2017年第2期。

合机构的发展。但是大部分医养融合机构属于民办非企业,国家规定民办非企业不能营利、不能进行利润分红,再加上目前国家缺乏医养融合服务行业的融资支持政策,而银行缺乏向利润低、回报周期长的企业进行贷款融资的动力①,因此,医养融合机构不具备向银行贷款融资的合法性,只能通过收取服务费获取利润,资金困难现象非常突出。正如优年社区付总所言:

> 因为养老企业投资大,利润低,回报周期长,银行不想贷款给我们,更别说注册为民非企的养老机构了。(个案 A8)

二是缺乏风险应对政策。老年人,尤其是高龄、失能半失能、失智老年人非常容易发生意外事故,但目前我国尚未出台医养融合机构服务纠纷的责任认定以及赔付等相关政策,服务纠纷频发,医养融合机构面临很大风险。正如重阳老年公寓李主任所言:

> 很多养老机构都发生过养老服务纠纷事件,纠纷发生后,大部分养老机构采取和老年人及家属自行协商的方式处理。但有时候遇到很不讲理的家属,我们很无奈,只能赔钱,或者扯皮很长时间。我们希望国家在这一块能有更完善、更详细的纠纷处理机制。(个案 116)

一旦发生养老服务纠纷事件,一方面,老年人及其家属认为老年人的合法权益得不到维护,进而对医养融合机构非常不满意,医养融合机构的合法性降低;另一方面,医养融合机构是多元主体的联合体,养老服务纠纷发生后,责任认定主体,没有处理依据,容易造成相互推诿扯皮。而且发生服务纠纷后,医养融合机构面临很大的赔付

---

① 吴玉韶、王莉莉:《中国养老机构发展研究报告》,华龄出版社 2015 年版,第 74—77 页。

风险，甚至可能因纠纷赔付问题无法经营下去。2014年，民政部办公厅出台了《关于推进养老机构责任保险工作的指导意见》（民发〔2014〕47号），提出了关于推进养老机构责任保险的工作要求、主要任务和保障措施，但由于养老服务的高风险性，保险机构的承保积极性并不高。

三是医保政策监管不到位。医养融合机构处于医院和普通养老院之间的"模糊地带"，目前养老机构的医疗服务未被纳入医保范畴，老年人在养老机构接受的医疗、护理、康复等服务无法享受医保报销政策，而医养融合机构刚好具备医保报销条件。医疗卫生机构的市场化运行使得过度医疗现象时有发生，失能老年人及其家属很多时候并不能准确判断生活照料和医疗康复之间的区别，"医养结合"政策执行服务的"供方"与"需方"之间存在着明显的知识差距和信息差距，面临着过度服务和服务不足的问题，这样一方面导致老年人及其家属质疑医养融合机构的医疗服务；另一方面造成国家医保基金被滥用，有失公平性，因此，医养融合机构的合法性就会受到质疑。

2. 医养融合实践过程中受到不同价值观的困扰

医养融合是一项新生事物，但医疗机构和养老机构是两种不同的组织，它们的合法性基础和压力是不完全一样的。尽管人们基本上都承认两者均具有公益性的成分，但由于医疗机构专业化水平高、规范性强、人财物力投入大，加之迄今为止的医疗资源，特别是优质资源仍处于高度稀缺状态，所以其合法性门槛也相对较高，人们对其作为福利机构的期待并不太高，即便有很高期待，往往也不是直接求诸医疗机构，而是求诸国家政策或者制度，因而对医疗机构追求效率的行为也比较容易接受。[①] 反观养老机构，情形则大不相同。人们普遍认为，敬老养老既是一种传统美德，又是一种社会福利，所以更倾向于将责任主体定位于政府，更强调普惠性和公平性，更提倡人文关怀。

---

① 陈宇：《医养融合的内在冲突及其制度化途径》，《学术论坛》2017年第2期。

也因为如此,对于养老机构为维持自身生存、谋求自我发展而开展的一些经营行为,人们即便认可,但也会心存疑虑。[①] 从福利主义的角度出发,人们认为医养融合服务应当是免费服务、普惠性服务,一旦医养融合机构进行付费服务,就会受到公众的质疑,面临合法性危机。从功利主义的角度出发,医养融合机构认为,政府纷纷鼓励社会资本进入养老服务行业,为了机构发展具有可持续性,非兜底任务的医养融合服务付费是正当的。因此,医养融合机构可能由于受到不同价值观的困扰而无所适从。

四 小结

随着广西城市医养融合具体运作模式逐渐从延伸模式向协作模式演化,参与这一过程的主体更加多元化,因而也使关系结构进一步复杂化。从目前来看,广西医养融合的实践主体主要包括地方政府、医疗机构、养老机构、城市社区和老年群体,其中医疗机构和养老机构是实施主体。由于不同主体所扮演的角色和地位不同,所以行动目标也不同:地方政府以疏导当前压力和探索长效机制为主要目标,医养机构以保障主体功能和协调多维关系为主要目标,城市社区以承接养老服务和构建医养融合载体为主要目标,老年群体以改善养老体验和控制养老成本为主要目标。这种差异必然使各行为主体的行动逻辑或说行动策略不同,进而使参与主体之间,尤其是政府与医养机构之间、医疗机构和养老机构之间、医养机构和城市社区之间以及医养机构和老年人口的互动关系呈现出不同的特点,由此又导致一系列的合作困境,主要包括竞争困境、协同困境、专业化困境和合法性困境。

---

① 陈宇:《医养融合的内在冲突及其制度化途径》,《学术论坛》2017 年第 2 期。

第五章　城市医养融合机构"制度化合作"的实现条件和调适策略

通过前文的分析介绍可以确认，城市医养融合能够较好地发挥医疗资源与养老资源的叠加优势，不仅具有较强经济合理性，也具有较高的社会契合性，因而能够有效地缓解老龄化浪潮下医疗服务供需矛盾和养老责任向社会转移的双重压力。在目前城市医养融合的诸多具体运作模式中，协作模式应该是一种优选模式。但如前所述，由于参与主体多元化，必然导致具体目标的多样化和利益格局的分化，从而使它们之间的合作陷入各种困境。但无论如何，它们事实上已经构成了一个整体。从结构—功能主义的角度，可将协作模式看成一个复杂的行动系统，不同主体及其行动则分别是该系统的子系统，整个系统的均衡取决于各个子系统之间结构互嵌、功能互补。而从新制度主义的角度，如果将医养融合的实施机构——主要指医疗机构和养老机构——看成一个正式组织，那么就可以将其他主体看成它的运作环境，二者的互动必然导致组织的变迁，当然也包括具体运作模式的演变。因此，不论从哪个角度看，我国城市医养融合的有序发展都离不开多元主体力量协同参与和共同推动。虽然协作模式相对而言是一种优选模式，但由于这种模式涉及不同组织之间的合作，而这种合作行为不会自发产生，且不同的要素条件也会对合作的稳定性产生影响[1]，所

---

[1] 汪锦军：《政府与非营利组织合作的条件：三层次的分析框架》，《浙江社会科学》2012年第11期。

以本章首先提出医养融合机构"制度化"合作的概念及其内涵，然后讨论机构"制度化"合作的实现条件，最后针对实践过程中主要瓶颈问题提出相应的调适策略，力图能够促进城市医养融合规范有序、合理高效的发展。

一 城市医养融合机构"制度化合作"的内涵

在专业分工日益细化的现代社会，任何组织都难以凭借自身的资源和能力达成目标并保持可持续的竞争力，通过组织间合作实现资源和能力的优势互补是现代社会建立和扩大组织竞争优势的重要途径。[1]然而组织之间形成合作关系并保持稳定合作并非易事，因而"制度化合作"更多地表现为一种受到正式规范保障及约束的行动模式，确保参与合作的各方主体能够遵循一定的秩序规则，克服组织的有限理性缺陷，进而提高合作效率、降低合作成本，达到既能平衡利益目标分歧又能保障整体功能发挥的"最大公约数"。从这个角度来看，城市医养融合机构"制度化合作"的根本目标在于理顺主体关系、整合组织资源、优化合作环境、引导组织行为，进而使多元主体协同参与的医养融合实践达成稳定、合理、规范且可持续的良性运作状态。

（一）"制度化合作"概念界定

制度是处于客观博弈中全部参与人经共同战略选择的产物，并能够自我实施，进而引导约束着个体、群体和组织的行动从特殊化的、不固定的方式向被普遍认可的、固定的模式转化。从组织社会学的角度引申来看，"制度化合作"的要义有二：一是参与主体之间博弈互动的策略选择边界和行动规范框架逐步由封闭趋向开放，并在各主体之间建构起稳定、正式的契约关系，从而使其行动效率得以最优化配

---

[1] 史传林：《社会治理中的政府与社会组织合作绩效研究》，《广东社会科学》2014年第5期。

第五章 城市医养融合机构"制度化合作"的实现条件和调适策略

置;二是组织合作行为在遵循基于经济理性的效率机制引导同时,兼顾基于社会理性的合法性机制约束,确保组织的行动选择能够为社会普遍接纳认可。

医养融合旨在借以医疗资源与养老资源的有机整合来实现面向老年群体的日常生活照料和医疗保健服务功能的叠加重塑。[1] 在医养融合发展的初级阶段,医疗资源和养老资源的持续积累及其跨组织流动是关乎发展的问题核心,由于发展时间较短、经验累积不足,资源累积及流动更多地遵循着市场导向而非社会规制,即资源整合与配置往往"重经济产出而轻社会效益",社会缺位比较明显。在斯科特和迈耶看来,组织发展不仅受技术环境支配,也受制度环境影响,其中技术环境意指市场规则,而制度环境则指社会规则,组织在技术环境和制度环境中分别获取并实现效率最优和合法性诉求。[2] 对于医养融合而言,制度化合作是促使医养融合模式从国家和社会边缘或者之外向国家制度框架内发展的过程,将各种影响医养融合的行动要素纳入正式的制度框架,并在此过程中持续改进及优化医养融合的组织结构、运作方式以及功能调整。

实际上,很多资源的分配是在组织中进行和完成的[3],医养融合也面临着调适组织内部发展需求和外部环境之间差异的现实难题。在社会医养资源稀缺和制度供给相对缺乏的情况下,由市场需求驱动下发展起来的医养融合模式天然具有一定的内在缺陷,加之政府在医养融合发展中的引导作用还未得到充分发挥,医养融合的各相关主体之间仅仅达成某种基于非正式规则的"关系合约"合作。在利益目标无法达成协调一致时,医养融合的不稳定性迅速激化,导致其陷入发展困境。因此,实现医养融合持续健康发展,就是要促使"关系合约"向"制度化合作"加速转变,借助相对系统正式的制度规则来

---

[1] 王长青、毛鹏远、陈娜等:《医养结合资源的多重整合》,《学海》2016年第6期。
[2] [美]沃尔特·W. 鲍威尔,保罗·J. 迪马吉奥主编:《组织分析的新制度主义》,姚伟译,上海人民出版社2008年版,第67页。
[3] 周雪光:《组织社会学十讲》,社会科学文献出版社2003年版,第7页。

缓解发展困境，从而实现医养资源的要素整合及医养服务的功能耦合。

（二）"制度化合作"内涵解析

1. 政策规范清晰完整

清晰完整且易于操作的政策体系是医养融合制度化合作的首要含义。在宏观层面，医养融合意味着尽快破解医疗资源和养老资源分头管理甚至多头管理的体制困境，"自上而下"地明确医养要素的整合规则，从而为提供普惠式医养融合服务界定战略导向。一直以来，不仅医养融合主体参与性不足，而且服务客体发展定位也相对模糊。[①]这种主客体定位偏差及功能模糊的状态在很大程度上已经干扰了医养融合的可持续发展。无论是相对专业化还是普惠式的医养融合养老服务，需要解决的首要问题就是以顶层制度安排的改革完善为切入点，进一步明确主客体及其关系，在宏观发展战略上体现医养融合发展的正当性。为此，需要在宏观战略层面消除医养分而治之的状态，发挥好政府的引导功能，以系统化的政策法规为医养融合的发展路径和各方主体的规范行为立下标准，完善"权利—责任"相统一的奖惩机制，着重解决医养融合发展过程中有关主体"融资难""用地难""用人难""运营难"等突出问题；联合发改、民政、卫生、社保、财政等部门建立统一协调体系，统筹制定医疗与养老机构的发展规划，探索适合养老特点的医保政策，制定医养融合相关的行业规范与准入标准。

2. 组织行为稳定有序

在微观层面，医养融合的持续推进离不开各类组织主体的协同配合，如果没有多方相关主体的参与支持，或无法获得社会认可，医养融合都将难以为继。如何克服有限理性缺陷，使组织行为转变为其他

[①] 黄佳豪：《关于"医养融合"养老模式的几点思考》，《国际社会科学杂志》（中文版）2014 年第 1 期。

组织可预期的稳定行动，规避无限放大自身利益的投机行为，进而形成追求共同目标的行动合力，直接关系到医养融合发展协同程度的高低。[1] 如果没有多方相关主体的参与支持，或无法获得到社会认可，医养融合都难以为继。可以说，医养融合中相关主体顺利结成相对稳定"合作关系"的前提，是客观认清自身的优势、劣势以及外部合作过程中可能产生的"交易成本"。譬如，老年慢性病诊治技术较强的医疗机构，其优势在短期"治疗"、劣势在长期"疗养"，通过与专业的养老机构或半专业的社区托管中心结成合作联盟，固然可以"扬长避短"，但随之而来的关键在于如何化解资源信息不对称、如何降低非理性交易成本、如何协调组织间合法性基础的差异及距离。由此，医养融合各参与主体方能培育起持续稳定的合作意愿，制定合理的资源投入规划，从而更好地实现组织协同效应和资源耦合效应。

3. 社会价值取向一致

社会价值取向一致是医养融合"制度化合作"的深层含义，同时也是"制度化合作"得以产生的社会文化基础。众所周知，缺乏约束的个体理性行动往往会在集体层面导致某些非预期结果，如"囚徒困境""公地悲剧"以及"搭便车行为"等[2][3]，而克服上述合作难题，不仅需要在制度规范上为合作参与方的行动选择扎上更为理性的"笼子"，也需要在文化基础上为其提供必要的外部环境支撑，如建构信任文化、培育一致性的发展目标，使得合作参与各方能够将其注意力不再局限于个体利益的得失，而是可以为公共目标的实现自主、自愿地做出适当妥协及让渡。可以说，"软硬兼施"是促成医养融合"制度化合作"的可行策略，由此社会认同取向一致相应成为其应有之意，具体表现为医养融合发展拥有较为坚实的社会文化基础和稳定

---

[1] 耿爱生：《养老模式的变革取向："医养结合"及其实现》，《贵州社会科学》2015年第9期。
[2] 龚向虎：《合作的产生——一个多视角理论综述》，《制度经济学研究》2008年第4期。
[3] 杨光飞：《从"关系合约"到"制度化合作"：民间商会内部合作机制的演进路径——以温州商会为例》，《中国行政管理》2007年第8期。

的服务消费群体。各方参与主体达成互信的文化认同[①],对医养融合的功能定位形成一致性认识,并通过不断提升专业化水平重塑医养融合的社会形象,进一步稳固、扩大医养融合服务受众,从而为医养融合的可持续发展奠定基础条件。

二 城市医养融合机构"制度化合作"的实现条件

尽管在理想状态下,"制度化合作"为一揽子地解决医养融合的诸多困境提供了某种可行方案,但现实困难同样在于如何使"制度化合作"由抽象概念转化为具体操作。一般来说,两个组织之间若要形成稳定的合作关系,至少包括逻辑条件、环境条件和操作条件等在内的差异性条件的显著影响[②],一旦涉及三个及以上的组织主体,不仅带来影响合作关系的条件要素数量明显增长,也造成各条件要素相互之间的交叉作用更为复杂,无形中扩大了合作达成的操作难度及代价成本。具体到医养融合实践领域,参与主体的多元化、利益诉求的差异化和行动逻辑的偏好性是其难以回避的客观现实,同时结合当前医养融合协作模式暴露的梗阻困境,我们认为,"制度化合作"应当且需要围绕合作目标、合作结构、合作方式、合作资源及利益分配等维度构建起相对完整的实现条件框架。

(一)理念目标一致

组织之间具有一致性的目标是组织成功开展合作的基础,不仅是指参与各方对合作的目标效果有着较为一致的预期,也指参与各方对

---

① 杨柯:《公共服务中政府与社会组织合作机制优化路径分析》,《云南行政学院学报》2013年第4期。
② 汪锦军:《政府与非营利组织合作的条件:三层次的分析框架》,《浙江社会科学》2012年第11期。

第五章 城市医养融合机构"制度化合作"的实现条件和调适策略

彼此的比较功能优势有着相对理性的共识。[1] 理念目标体现着城市医养融合参与主体的行动逻辑,决定着其合作行为的指向性,尽管合作关系包括某种利益交换的意涵[2],一致的理念目标仍是实现医养融合"制度化合作"的前提基础,在诸多条件中处于引领地位。随着社会资本准入市场的不断扩大和投资限制的不断降低,医养融合发展中的市场竞争色彩不断加重:一方面,尽管近年来政府投向医养融合领域的专项财政经费有所提高,但相对而言,社会资本在养老服务产业中的活跃程度越来越凸显;另一方面,政府也主动以转制或改制的形式将一批公办养老机构推向市场前沿,引入竞争机制以促进医养融合的实现及服务效率的提高。从上述变化分析引申而来的实践困惑在于,究竟应当如何审视医养融合服务的属性定位,即更应将其视为公共福利还是营利产业。不可否认,目前的确存在纯商业性质的医养融合机构,这些机构主要是借养老的名义从事养老地产,是以利润最大化为追求目标,主要服务对象是高端老年群体,但这部分群体的数量是非常有限的,因此,这种性质的医养融合机构所占比例是非常低的,并且也面临极大的投资风险,一般投资者并无能力也不敢尝试。当下大部分的医养融合机构是非营利性或低营利性的组织,从经济运行的客观规律而言,这些机构的组织行动或服务供给都天然地具有一定的经营特征,但其主要目标不是追求利润最大化,而是为了更有效地解决人口老龄化带来的养老问题,实现医疗服务和养老服务一体化的社会福利目标。由于医养融合发展还处于起步阶段,而养老服务本来就是投资大、回报周期长的行业,老年消费群体的消费能力有限,社会资本参与投资兴办的医养融合机构大部分价格偏低,营利能力较低,不少机构也承诺为了保持机构的福利性,不允许投资者对其经营所得进行分红,可以说,非营利性医养融合服务作为一种社会事业,本质上

---

[1] Brinkerhoff. J. M., "Government-nonprofit partnership: a defining framework", *Public Administration & Development*, Vol. 22, No. 1, January 2002.

[2] 王颖:《社会中间层:改革与中国的社团组织》,中国发展出版社1993年版,第233—237页。

具有福利性和营利性的双重属性。① 即使市场上存在的营利性养老机构也承担了社会养老的公共责任，其赢利能力较弱，追求社会效益也优先于经济效益。② 因此构建医养融合制度化合作的框架，需要在客观承认参与主体目标诉求不尽相同的前提下，最大限度地对地方政府、医疗机构、养老机构、社区组织、老年人口等参与主体的理念目标进行调整，以谋求各参与主体在理念目标上的一致性，为制度化合作建构起共识基础。

（二）组织结构互嵌

组织结构即正规的制度安排，是组织内部各要素及部分之间的有机联系。组织目标所决定的组织职能和组织权力分配共同影响着组织结构的静态形式及动态调整；而组织结构互嵌则是指两个或两个以上的组织在其结构功能上互相嵌入，进而形成一个新的战略综合体，以便达到功能互补和优势互享。组织结构互嵌通过形成嵌入式的互动关系，强化自组织过程，提高组织之间的交融程度，减少协调成本，实现整合增效目标。事实表明，在广西乃至全国范围内的医养融合主要实践形式，要么是组织功能内生，要么是组织关系互嵌，鲜见真正意义上的组织结构互嵌。尽管当下功能内生和关系互嵌的两种医养融合模式并存，但在社会需求和市场力量的交互推动下，医养融合的可持续发展面临着更加突出的高复杂性、高难度性及高风险性等特点，亟须医养融合所涉及的各方参与主体在优势互补的基础上，变"单打独斗"为"整合协同"，变"组织嫁接"为"组织融合"。

组织结构互嵌需要借助组织创新得以实现，其中社会企业的组织创新举措对达成医养融合组织结构互嵌有着诸多借鉴之处。当前社会企业在全球不断兴起，是对社会问题持续激增、激化却无法有效应对

---

① 董红亚：《非营利组织视角下养老机构管理研究》，《海南大学学报》（人文社会科学版）2011年第2期。

② 陈宇：《医养融合的内在冲突及其制度化途径》，《学术论坛》2017年第2期。

市场失灵、政府失灵和志愿失灵的理性回应。[①] 可以说，社会企业是传统社会三大部门的交叉融合，兼具其部分特征，具有明显的综合优势。从实际来看，社会企业商业运营的组织方式有助于降低医养融合相关主体交易成本，其作用主要体现在以下两个方面：一方面，组织制度创新有利于消除交易内容（产品或服务）专用性而导致的成本控制问题。交易内容专用性之所以长期较高的一个重要原因在于医疗机构和养老机构之间尚未建立起一个行之有效的信任机制，在政府相对失灵的情况下，较高的交易内容专用性在很大程度上损害了医养融合相关主体合作的积极性。然而，在社会企业运作的语境下，通过在政府、市场和社会建立起一种互融互通的组织平台，有利于消除医疗机构和养老机构之间的不信任问题，增进合作从而降低交易内容的专用性。另一方面，由于目前医养融合的组织形式较为松散，作为医养融合组织的主体性及规范性也并未明确，这是当前医养融合组织建设的薄弱环节，而随着社会企业化运作方式的介入，通过建立行之有效的规范的制度，充分发挥社会企业自身的企业运作优势，从根本上降低或消除医养融合中的交易复杂性和不确定性问题，从而降低交易成本。

（三）合作方式规范

由于不同组织在价值目标、制度结构上存在明显差异，而规范性的合作方式通过跨组织的约束、控制和调节，调和组织差异，保障稳定合作。医养融合模式可以看作医养各相关主体之间合作的产物，在当前医养资源相对稀缺和制度供给相对不足的情况下，医养融合更多的是迎合市场需求而在自发驱动下发展起来，由于目前医养融合发展的管理体制和运作模式尚未完全成熟，医养融合各主体之间的合作行为仍然处于自由探索阶段，缺少相应制度化的规范约束。在计划经济

[①] ［孟］尤努斯：《新的企业模式：创造没有贫困的世界》，鲍小佳译，中信出版社2008年版，第6—15页。

时代，无论是医疗资源还是养老资源都是按计划配置，在供给服务模式上也相对单一稳定，然而随着社会经济发展阶段的转型及相应政策的调适，"医养分离"逐步过渡至"医养结合"，继而向"医养融合"深化转型，体现在具体运作上即由"单一主体主导"向"多元主体互动"转变。换言之，随着医养资源配置的社会化程度的提高，过去单纯依靠养老院（医疗机构）延伸扩展医疗（养老）功能的简单模式已然与资源配置的效率要求和服务供给的社会需求暴露出明显矛盾，随着社会资源的市场准入门槛进一步降低，延伸模式必然往协作模式发展，这是由医养资源配置社会化发展的必然趋势。从实质上看，医养融合是一种基于非正式规则的"关系合约"关系，在发展过程中容易陷入诸多困境陷阱，由此促使医养融合实现持续健康发展，最优途径就是尽快促成"制度化合作"，借助规范的合作方式来缓解合作困境。在城市医养融合的具体实践过程中，涉及的组织包括各级政府、医疗机构、养老机构、社区服务机构等，要在不同类型组织行动中抽象概括出一套既相对稳定又灵活弹性的合作方式，无疑是一项综合复杂的系统性工程。

（四）资源网络互补

资源网络互补可以视为在一定的社会经济发展阶段内，各方组织所拥有支配的信息资源以及获取途径、配置方式能够在各方合作主体之间实现共享、流动。这一条件建立在两个假设之上，一是组织拥有的信息资源及其承载网络具有稀缺性和异质性；二是组织拥有的资源及其网络为其他组织所需要和利用。需要特别指出的是，这里谈的稀缺性物质不仅指资源本身，也包括这些资源的获取渠道、分布网络。资源网络互补意味着合作主体之间彼此依赖，其维护制度化合作的意愿也更加强烈。因此，资源网络互补是制度化合作实现的重要条件。互补形成于制度化合作之前，完善于制度化合作之后。延续这一逻辑，强化医养融合战略联盟内部各个组织间的资源网络互补性，其关键在于在合作中发现并培育自身优势资源，同时疏通资源交换的网络渠道。在城市医养融合联盟各组织之间，资源网络遵循着组织差异化的博弈分布。如政府组织拥有政策、资金、土地、信息等导向性资源，医疗机构拥有医疗技术、医疗人才、医疗设备等专业性资源，养老机构拥有照护技术、照护人才、养老场所等基础性资源，社区组织拥有居民信息、居民团体、协调平台等操作性资源。虽然某些地方、某些组织的资源具有同质性，但异质性资源仍然占据主导地位。在医养融合合作的进程中，要充分发挥异质性资源在网络中的互补性功能，进而使制度化合作得以顺畅实现。

（五）利益分配均衡

利益分配是一个经济概念，简而言之，是各方成员从合作产生的正向溢出效益中，按规则程序获取相应利益所得。与完全参与市场竞争的企业组织相比，虽然医养融合参与组织不能单纯以最大化的经济逐利性为绩效衡量标准，也要兼顾平衡一定的社会公益性，但从维系组织正常运转的基本条件出发，利益的均衡分配对于制度化合作长远发展极为重要。如果某一组织的利益诉求长期得不到满足，那么合作将无法维持，更谈不上制度化。为此，要着力构建长效机制，促使利益分配在医养融合战略联盟各组织之间达成总体均衡态势。其核心原则主要包括：第一，依法分配（主要澄清利益分配的法理关系）；第二，公平优先、兼顾效率（主要平衡医养融合服务的公益属性与盈利属性）。调查表明，政府的利益诉求主要在于社会效益，在医疗体制改革、应对社会老龄化问题、养老保险制度改革等关系民生的重大问题上，政府正在寻求相对稳妥的解决方案，其中也不乏对促进经济发展、社会稳定以及政绩追求。如何使各方差异化的利益需求在分配博弈中达到相对均衡，也是制度化合作实现的重要条件之一。

通过以上分析可知，城市医养融合机构"制度化合作"的实现条件既要满足合法性，也要满足各方参与主体的利益诉求，满足医疗机构和养老机构的经济效益。如若经济效益得不到满足，反而影响合法性。新制度主义认为，效率和合法性是相互矛盾的；而在医养融合这个特殊领域，效率和合法性是相互促进的。

三 城市医养融合机构"制度化合作"的调适策略

尽管我们指出城市医养融合模式的未来趋势主要表现为由功能内生向组织协同和由简单协作向深度融合的双重演变，并为多方参与主体如何达成制度化合作设计了一套理想化的条件机制，但上述条件机制的自然成熟不仅需要较长的发展周期，而且其发展方向及进度极易受到外部环境的干扰影响，具有较强的不确定性，明显不能有效平衡医养融合服务的供需矛盾。就实际来看，比较可行的干预策略是，以医养融合的制度化合作为发展目标，以医养融合模式理想演变的四组关键机制观照现实情况，并给予相应程度的调适引导，使之既能基本契合于未来发展方向，又能弹性应对现实突出困境。由于我国医疗和养老领域长期处于条块分割状态，发展极不平衡，特别是近十年来医疗卫生体制、养老体制改革的不断深化，行政因素、市场力量和社会观念相互交织，使医养融合的发展变迁表现出明显的曲折性和妥协性。即便在国家政策安排密集出台、管理体制有所改善、资源整合投入不断加大的情况下，医养融合的理念和实践在地方落实层面仍然遭到诸多历史累积形成的瓶颈限制。对此，需要突出重点、因类施策、循序渐进地化解观念及制度层面的执行梗阻。

（一）公益属性与营利导向之间的调适

如前所述，对于医养融合发展公益属性和营利属性的界定配置，直接影响到参与主体的动力意愿及其行动策略，对此我们应当辩证统一地予以对待审视。公益属性和营利导向看似无法兼容调和，强调公益属性，必然牺牲医养融合相关组织主体的营利能力；反之强调营利属性，也必然会对服务供给面向造成一定冲击。在英国、西班牙、俄

第五章 城市医养融合机构"制度化合作"的实现条件和调适策略

罗斯、瑞士、瑞典等西方高福利国家,得益于其相对完善的社会保险制度,具备充分的制度条件和物质基础将公益属性比较完整地贯彻进面向老年群体的养老服务和医疗服务中去,国家政府直接将相当比例的财政税收投入到医疗及养老领域,并在全国范围内施行免费医疗政策和养老补贴政策。目前,我国尚不具备实行全民高福利的基础,完全照搬发达国家的经验做法显然难以行得通,相对稳妥的路径策略应当是在公益属性和营利导向之间寻找到一个平衡点,在保持公立医疗机构和养老机构的公共福利属性前提之下,将组织营利作为组织激励,适当允许并保障其在医养融合服务供给中获得相应利润。这既是一项平衡选择问题,更是一个供给侧结构调整问题。根据主体类型的不同,与医养融合直接利益相关的组织或个体可以划分为以下三类:一是管理方,包括各级政府职能部门、第三方评估机构、金融投资部门等;二是承包方,包括医疗机构、养老机构、社区服务机构等;三是服务受众,包括老年人群体及其家庭。由于不同组织或个体对医养融合的关注点不尽相同,故对医养融合应侧重经济效益抑或社会目标有相对差别化的衡量标准。

因此,医养融合的深化发展必然需要寻求某种效率与合法性的兼顾平衡。借鉴发达国家的经验,首先,应争取国家制度安排对社会企业培育发展的支持和保障,建立社会企业专项法律法规,完善社会企业组织制度,确保参与医养融合服务的社会企业有法可依、有章可循;其次,积极构建政府与社会企业的合作伙伴关系,实现政府与社会企业的双向增权;最后,政府通过购买服务和委托代理等形式,将部分公共服务职能转移到社会,鼓励社会资本进入医养融合领域,积极创建医养融合社会创投平台,鼓励公益基金建立社会企业医养融合机构孵化基地,推动社会企业主动承担社会责任。[①]

---

① 吴宏洛:《社会企业提供养老服务的公益逻辑与运行困境》,《福建师范大学学报》(哲学社会科学版)2017年第1期。

（二）政府引导与市场主导之间的调适

在当前医养融合的地方实践中，政府与市场的角色功能尚未得到有效区分，"政府失灵"与"市场失灵"并存。例如，卫生、人社、财政、民政等部门的职能划分存在重叠交叉，多个部门同时负责医养融合型组织的考核管理，且考核标准侧重不同，涉及补贴发放时又存在部门之间的相互推诿扯皮，"多头管理"或"多头不管"的局面使得各部门对优惠政策的理解和执行难以协调一致和横向整合[①]；同时，不同部门颁布的政策之间的协调性很差，医疗系统和养老系统"各自为政"，各部门制定的政策甚至相互矛盾，导致政策碎片化比较严重，难以形成政策合力。[②] 此外，目前医养融合市场"冷热不均"，一方面，部分投资者"挂羊头卖狗肉"，打着医养融合的旗号大肆圈地从事商业房地产开发；另一方面，"以养为主、以医为辅"的传统服务业利润相对微薄，投资热度不高，进而导致高端的医养融合机构老年人"住不起"，基本的医养融合服务老年人却买不到。"政府失灵"和"市场失灵"的同时并存从侧面反映出当前医养融合制度化合作的激励机制未能完全配套，既指政府相关职能部门仍未能摆脱"压力型体制"对公共服务功能发挥的影响，在缺乏正向有效激励的情况下，"上面推一下、下面动一下"，"上面怎么要求，下面怎么照搬"，促成医养融合制度化合作的积极性和创造性不足；也指在正向激励不足的情况下，医养融合市场参与主体投机行为未能得以完全抑制，变相曲解相关政策文本、利用制度疏漏攫取不当利益的情况依旧多见。

因此，统筹政府和市场这两股传统力量服务于医养融合发展的基本思路是，尊重并遵守市场经济和健康养老产业发展的客观规

[①] 黄佳豪：《关于"医养融合"养老模式的几点思考》，《国际社会科学杂志》（中文版）2014年第1期。

[②] 睢党臣、彭庆超：《"白发浪潮"下我国医养结合养老服务的发展困境与对策研究》，《宁夏社会科学》2016年第4期。

第五章　城市医养融合机构"制度化合作"的实现条件和调适策略

律，并对市场作用的局限性保持客观认识，有效发挥政府这只"有形的手"的调控引导作用，有所为，有所不为。凡是市场可以有效解决的，政府应当简政放权，让市场在资源配置中发挥决定性作用；凡是市场无法妥善处理的，政府应当主动补位。此外，还应注重在政府和市场系统内部建构利益激励机制，确保政府和市场各司其职、各谋其政。为此，可以从以下几个方面加以完善：第一，加强相关职能部门之间的合作，整合各部门的资源优势。医养融合制度化合作的实现不仅仅依靠政府购买服务、税收减免、水电费优惠、建设补贴、运营补贴等支持，还涉及公益慈善组织和其他社会力量通过战略联盟、技术支持、管理和系统支持、慈善赠予等形式尽力合作关系，因而政府各部门应当建构起统一的资源信息共享和协同平台，以便整合调动各方优势来实现医养融合的发展目标。第二，培育医养融合社会企业普遍具有相对民主的治理模式，不同利益相关者能直接或间接地通过理事会参与到医养融合社会企业的决策过程中[1]，成为平衡经济和社会目标的重要机制。第三，医养融合机构应当协调好各方关系，将政府、市场、社会等多方力量有机拧起来，逐渐形成政府、市场、社会组织、社区和家庭共同发挥作用的养老格局，使老年人医疗服务和养老服务一体化的需求得以实现。[2] 第四，针对市场调节失灵的典型表现，政府应有补位意识，通过宏观调控手段补齐市场短板，发展基本医养融合服务，以兼顾弱势老年人群体。

（三）制度环境与文化观念之间的调适

以"孝"为核心理念的家庭养老是中华民族传统的养老模式，倡导子代对父辈要"侍奉在侧""亲力亲为"。尽管传统养老观念在单

---

[1] Alter. K., "Social enterprise typology", *Retrieved*, Vol. 4 (Autumn 2012), http://rinovations. Edublogs. Org/files /2008 /07/setypology. pdf. .
[2] 王建云：《"医养结合"养老服务模式下资源整合路径研究》，《老龄科学研究》2015 年第 12 期。

位制、市场化等制度力量的推动作用下有所松动，旧的养老制度逐渐被打破，新型多元养老机制逐步形成，但养老观念的转型依然滞后于社会养老实践需求。当前，养老服务社会化、市场化是多元养老机制的明显表征，这与我国传统的养老文化观念存在较大差异，难免会对医养融合型养老服务这一新生事物的发展成熟产生一定的影响。受根深蒂固的传统"孝"文化影响，仍有不少老年人觉得在养老机构生活没了"脸面"，而不少儿女也担心将父母送到养老机构会招来不孝之名。同时也有相当一部分老年人质疑医养融合的专业技术性，到专业医疗机构看病就医的思维惯性进一步导致医养融合服务市场的萎缩。因此，传统的养老观念和养老方式在一定程度上制约了医养融合养老模式的推进，因此医养结合养老模式的产业化发展需要加强宣传，转变老年人传统的养老和消费观念。

因此，为促使文化观念与制度环境达成共识，使人们真正在思想认知层面接纳认可医养融合服务，就需要将文化观念对制度环境的潜在影响尽量前置，在制度设计阶段预留一定的缓冲时间和空间，同时积极主动地做好宣传，在全社会营造一种了解医养融合发展趋势的良好氛围，进而逐步地扭转服务受众的养老观念、重塑社会养老文化。在可预见的一段时期内，居家养老已然作为主要的养老方式长期存在，这就需要城市医养融合不断开发契合于核心家庭的服务形式，依托社区服务平台，提供易被老年人所接受认可的医养融合服务，在医养融合实践中注入一定的人文关怀。

（四）医疗机构与养老机构的角色调适

作为医养融合的关键行动主体，医疗机构和养老机构在组织目标、组织结构及运作方式等诸多维度迥然相异。医疗机构旨在为患者提供医疗服务，实现医疗资源的优化配置，虽然带有社会福利性质，但从运作上大多是自负盈亏，财政转移拨付资金所占比例逐年降低，进而客观上要求医疗机构相对注重利润收益，至少维持收支平衡；而养老机构虽然是通过社会化的方式配置养老资源，但是偏重福利性

第五章　城市医养融合机构"制度化合作"的实现条件和调适策略

质,非营利或低营利的社会服务色彩厚重。① 因此,医疗机构的市场取向与养老机构的社会取向在整合不当的情形下易引发组织互构冲突,医疗机构缺乏将优质有限的医疗资源提供给养老机构的动力。

由于一直以来我国把养老服务定位于"社会福利服务",并把产业化等同于市场化而将两者对立起来,目前我国的养老服务主要依靠政府主导,造成产业化发展非常有限。② 进一步而言,医疗服务和养老服务的人工成本差别较大造成了医养合作困境。医疗服务是稀缺性资源,服务成本较高;而对老年人日常照料护理服务属于社会服务,其人工成本相对医疗服务较低廉。人工成本差别过大降低了医疗资源和养老资源的合作意愿。其次,较高交易成本也导致了医养合作的困境。医疗和养老相关社会主体进行合作,无疑具有一定的共同利益。"从交易成本学派的观点看,双方的合作实际上是一种交易,要维持合作关系需要付出一定的交易成本——包括协调成本和激励成本。交易成本之所以产生,是因为交易双方的理性都是有限的,交易过程中的信息不对称使投机行为成为可能,相应产生'道德风险'。"③ 为了消除或降低风险,交易双方往往都会通过一系列的制度设计,采取各种防范措施来保障自身的利益,从而产生所谓的交易成本。交易成本的高低,主要取决于交易内容(产品或服务)的专用性,同时也与交易的复杂性和不确定性具有密切的关系。就目前而言,医疗机构和养老机构之间合作或说交易不仅在内容上具有较高的专用性,而且交易过程的复杂性和不确定性也较强,交易成本相应也较高。这种情形不仅使双方建立合作关系面临相当大的困难,而且即便建立了合作关系,其脆弱性也相当明显。"④

延续前文关于医养融合模式演变的整合机制和保障机制的讨论,

---

① 陈宇:《医养融合的内在冲突及其制度化途径》,《学术论坛》2017年第2期。
② 林卡、朱浩:《应对老龄化社会的挑战:中国养老服务政策目标定位的演化》,《山东社会科学》2014年第2期。
③ 周雪光:《组织社会学十讲》,社会科学文献出版社2003年版,第51—53页。
④ 陈宇:《医养融合的内在冲突及其制度化途径》,《学术论坛》2017年第2期。

破解医疗机构和养老机构的组织互嵌困境的关键在于如何由技术整合转向组织整合,并在整合过程中实现资源的优化配置。为此,应鼓励医疗机构和养老机构就近规划,在协商一致的前提下就服务对象选择标准、转诊流程等关键事项签订正式协议[1],共同委派负责组织协调沟通的专门联络人员并设立日常联络制度,牵头整合街道居委会、社区照护中心、社区门诊等多元组织的网络资源,建构共享协同平台,以片区网格为单位分配任务,条件成熟的地区还可探索尝试家庭医生定期回诊制度,根据老年人健康状况提供相应的日常生活照料、医疗、康复、护理、心理慰藉等服务,并建立比较完善的需求评估、资源分配、质量监控、链接转介机制。[2][3]

四 小结

虽然医养融合的协作模式在相当大程度上有利于发挥医疗资源与养老资源的叠加优势,但实践中也暴露出不少问题,如同类机构无序竞争、组织之间有限合作、专业化不足以及合法性失调等等。为此,应当通过一系列的规则设计,促成医养融合参与主体特别是实施机构迈向"制度化"的合作,使之逐步成熟、定型,并在后续发展中能够兼顾效率机制和合法性机制的双重要求。从理想类型的角度来看,医养融合主体,尤其是机构"制度化"合作至少包含三层内涵,即政策规范清晰完整、组织行为稳定有序、社会价值取向一致。从原则上讲,要推动城市医养融合机构制度化合作模式的发展,就必须创造一系列社会条件,主要包括参与主体理念目标一致、组织结构互嵌、合作方式规范、资源网络互补、利益分配均衡。在当前情况下,比较

---

[1] 王素英、张作森、孙文灿:《医养结合的模式与路径——关于推进医疗卫生与养老服务相结合的调研报告》,《社会福利》2013年第12期。

[2] 龚秀全:《医养融合的实现路径及其策略性嵌入——以上海为例》,《华东理工大学学报》(社会科学版)2016年第5期。

[3] 张晓杰:《医养结合养老创新的逻辑、瓶颈与政策选择》,《西北人口》2016年第1期。

第五章　城市医养融合机构"制度化合作"的实现条件和调适策略

可行的干预策略是以医养融合机构的制度化合作为发展目标,以医养融合发展的四种关键机制为支撑,调适城市医养融合公益属性与营利导向之间、政府引导和市场主导之间、新制度环境与传统养老观念之间、医疗机构与养老机构之间的关系,使之既能契合未来方向,又能有效破解困境。

第六章 结论与讨论

一 基本结论

作为我国社会转型期的特殊产物,城市医养融合发展是一个循序渐进的过程,从萌芽、试点到整合推广,都有其自身的逻辑。由于城市医养融合参与主体众多、行动逻辑各异,所以在实践场域中形成了一个复杂的行动系统。可以说,正是不同参与主体之间的互动博弈,推动了城市医养融合的发展。本书以我国社会急剧转型和人口老龄化加速发展为背景,以城市医养融合发展过程为脉络,以医养融合不同参与主体的行动逻辑为重点,从新制度主义理论和结构功能主义理论的视角对城市医养融合的发展,特别是其载体医养机构及其具体运作模式的演化进行考察,首先按照不同参与主体的行动逻辑搭建一个初步的分析框架,然后通过对广西壮族自治区三家典型机构的调查,介绍了当前医养机构发展的基本脉络及存在的问题,并对医养机构两种典型运作模式的形成过程及其不同特点进行比较,阐明了医养机构具体运作模式由延伸模式向协作模式转变的原因,进而围绕协作模式讨论了不同实践主体的关系结构、行动目标及其合作困境,同时探讨了保障不同主体稳定、有序协作的必要性和可能性,在此基础上提出了城市医养融合机构"制度化合作"模式的概念及其实现条件,最后针对实践过程中存在的问题提出相应的调适策略。从中可以看到,城市医养融合实际上是实践主体根据国情创设的一种富有中国特色的养老模式,从民间和地方政府的自发探索上升到国家和中央政府的主动

第六章　结论与讨论

引导，逐步发展为国家相对统一的制度安排，实现了跨越式发展。具体地说，本书的主要观点是：

第一，城市医养融合的发展是一个多元主体不同行动逻辑相互作用的过程。在城市医养融合发展过程中，逐步形成包括国家、地方政府有关部门、医疗和养老机构、老年群体等在内的多元主体参与的格局，而且行动逻辑各不相同。国家的调控行为遵循制度安排的平衡逻辑和国家意志的象征逻辑；地方政府有关部门的管理行为遵循科层制权责边界的分割逻辑以及压力传导的应对逻辑；组织机构的合作行为遵循资源共享与功能互补的合作逻辑和规则约束与利益分歧的冲突逻辑；老年群体的消费行为遵循被动效应和主动效应的消费偏好逻辑。国家调控、科层管理及组织合作的逻辑直接推动城市医养融合及其具体运作模式的变迁，而城市老年群体的消费偏好则发挥着间接影响。虽然短期内城市老年群体的消费偏好对医养融合发展的影响还不太显著，但随着消费群体意识的觉醒，消费偏好因素将发挥越来越重要的作用。

第二，在城市医养融合发展过程中，主导各主体行为方式的逻辑是彼此交叉的，并不是某种逻辑单一对应某一主体的简单关系。若把城市医养融合发展演变视为一项自成体系的独立系统，在国家、地方政府、医养机构、社区、老年群体等多元主体不同行动逻辑的交互作用下，城市医养融合的各个组成部分或说子系统之间互相耦合、彼此嵌入，使医养融合的发展呈现由分散走向聚焦、由单一趋于多元的复合特征。这一过程实际上也是一种制度变迁过程。作为一种相对独立的运作系统，医养融合旨在实现健康养老与社会养老耦合协调的特定目标，因此满足社会需求、谋求组织发展始终是各参与主体的行为导向。

第三，医养融合机构运作的基本过程可以概括为：首先，制度环境（主要包括政策规范、市场规则、社会文化）和技术环境（主要包括专业技术和管理技术）决定了社会需求的主要方向和紧迫程度，但后者对前两者会产生一定的反作用；其次，社会需求是确立系统目标的基础，但目标的实现程度会反作用于社会需求；再次，系统目标决定系统运行的方向，而运行过程直接影响运行的结果；最后，系统运作状况受系统内外因素的制约，只有具备动力机制、整合机制、激励机制和保障机制，才能调整利益关系、整合发展资源、激发系统活力、保障运行秩序，保证城市医养融合这一复杂行动系统的良性运作。

第四，在城市医养机构现有两种典型运作模式中，协作模式在效率、可持续性、稳定性、合法性等方面比延伸模式更有优势。笔者对广西三家典型机构的调查结果印证了上述判断。也正因为协作模式本身的优势，在近年实践过程中，很多原来选择延伸模式的机构也正逐渐向协作模式转变。

第五，协作模式意味着医养融合的参与主体更加多元化，相应也使关系结构更加复杂化，由此又导致一系列的合作困境。在协作模式中，不同主体行动目标是不同的：地方政府以疏导当前压力和探索长效机制为主要目标，医养机构以保障主体功能和协调多维关系为主要目标，城市社区以承接养老服务和构建医养融合载体为主要目标，老年群体以改善养老体验和控制养老成本为主要目标。这种差异必然使各行为主体的行动逻辑或说行动策略不同，进而使参与主体之间，尤其是政府与医养机构之间、医疗机构和养老机构之间、医养机构和城市社区之间以及医养机构和老年人口的互动关系呈现出不同的特点，其中，政府和医养机构是双向增权关系、医疗机构和养老机构是互利合作关系、医养机构和城市社区是耦合协同关系、医养机构和老年人口是供需互动关系。这些多重互动关系又导致一系列的合作困境，主要包括竞争困境、协同困境、专业化困境和合法性困境。从实践过程看，医养机构的发展是效率机制和合法性机制共同作用的结果。效率机制要求组织必须满足资源配置效率，合法性机制要求组织必须符合人们的期待。理想的医养融合模式应该实现效率机制与合法性机制的平衡。而医疗机构和养老机构是两种不同的组织，它们的组织目标、利益诉求、合法性基础和压力是不完全一样的。这种差异使医疗机构和养老机构在采取一致性行动方面存在很大的困难，造成彼此在合作目标、方式、内容等方面难以真正达成共识。

第六，要破解医养融合的困境，关键在于尽快构建一套相对合理、比较系统、便于操作且易于被各方认可的"制度化合作"框架。"制度化合作"模式应该包括三层含义，即政策规范清晰完整、组织行为稳定有序、社会价值取向一致。从原则上讲，要推动城市医养融合制度化合作模式的发展，就必须创造一系列社会条件，主要包括参与主体理念目标一致、组织结构互嵌、合作方式规范、资源网络互补、利益分配均衡。在当前情况下，比较可行的干预策略是以医养融合的制度化合作为发展目标，以医养融合发展的四种关键机制为支撑，努力进行城市医养融合公益属性与营利导向之间的调适、政府引导与市场主导之间的调适、新制度环境与传统养老观念之间的调适、医疗机构和养老机构的角色调适，使之既能基本契合于未来发展方向，又能有效地破解医养融合的协作困境。

二　简短的讨论

虽然本书对人们正确认识城市医养融合现象、推动实践模式创新有所裨益，但必须承认，书中提出的有关城市医养融合发展长效机制的理论解释框架仍比较粗糙，对医养融合多元主体的关系结构及其矛盾冲突的分析还不够透彻，对"制度化合作"的实现条件论证得不够充分，所提出的破解合作困境的调试策略也有待优化。但也应该看到，当前我国城市医养融合整体上仍处于探索发展阶段，其运作模式也远未成熟和定型。由于多元主体的参与，加之医养资源的稀缺性和老年人口消费偏好的易变性以及其他方面因素的影响，使城市医养融合及其载体的发展过程非常复杂，所以无论是在实践中还是理论上仍然是一个未尽的话题。但笔者相信，随着全社会对这一现象重视程度的不断提高，尤其是在实际工作部门和学界同仁的共同努力下，必将使该领域的理论和实践不断取得突破。

参考文献

1. 中文著作

费孝通：《乡土中国》，中华书局2013年版。

韩元利：《广西民生保障热点问题研究（2015）》，中国社会出版社2015年版。

贾春增：《外国社会学史》（第三版），中国人民大学出版社2008年版。

马伊里：《合作困境的组织社会学分析》，上海人民出版社2008年版。

施巍巍：《发达国家老年人长期照护制度研究》，知识产权出版社2012年版。

王辉：《企业利益相关者治理研究——从资本结构到资源结构》，高等教育出版社1999年版。

王颖：《社会中间层：改革与中国的社团组织》，中国发展出版社1993年版。

吴玉韶、王莉莉：《中国养老机构发展研究报告》，华龄出版社2015年版。

杨贞贞：《医养结合——中国社会养老服务筹资模式构建与实证研究》，北京大学出版社2016年版。

张维迎：《博弈与社会》，北京大学出版社2013年版。

张旭升：《政府购买居家养老服务参与在主体的行动逻辑研究》，中国社会科学出版社2016年版。

周雪光：《组织社会学十讲》，社会科学文献出版社2003年版。

2. 中文论文

本刊编辑部：《积极回应亿万老年人的美好生活期待》，《中国社会工作》2017年第10期。

安秀芳、孙印峰：《刍议"医养结合"政策执行变形风险与规避》，《老龄科学研究》2016年第5期。

毕天云：《布迪厄的"场域——惯习"论》，《学术探索》2004年第1期。

蔡敏、谢学勤、吴士勇：《我国老年人口健康状况及卫生服务利用》，《中国卫生信息管理杂志》2021年第1期。

蔡益群、曾春祥：《中国国家治理逻辑分析的新进路———种规划性政治的视角》，《江西理工大学学报》2015年第6期。

陈宇：《医养融合的内在冲突及其制度化途径》，《学术论坛》2017年第2期

陈聪、胡元佳、王一涛：《人口老龄化对我国卫生费用的影响》，《中国卫生统计》2012年第3期。

陈发桂：《基层维稳社会化运行机制的逻辑》，《山东财经学院学报》2011年第3期。

陈慧荣、张煜：《基层社会协同治理的技术与制度：以上海市A区城市综合治理"大联动"为例》，《公共行政评论》2015年第1期。

陈皆明：《中国养老模式：传统文化、家庭边界和代际关系》，《西安交通大学学报》（社会科学版）2010年第6期。

陈俊峰、王硕：《城市"医养结合"型养老存在的问题及其解决途径——以合肥市为例》，《城市问题》2016年第6期。

陈娜、王长青：《基于社会交换理论的医养结合服务共同体探索与实践》，《中国老年学杂志》2015年第22期。

成秋娴、冯泽永：《美国PACE及其对我国社区医养结合的启示》，《医学与哲学》2015年第17期。

崔炜：《国外养老服务业如何开展医养融合》，《中国社会报》2014年10月27日第7版。

党俊武：《长期照护体系是应对未来失能老人危机的根本出路》，《人口与发展》2009年第4期。

邓大松、李玉娇：《医养结合养老模式：制度理性、供需困境与模式创新》，《新疆师范大学学报》（哲学社会科学版）2018年第1期。

邓娟：《社区养老——新型养老模式的构建》，《当代经济》2010年第21期。

邓微：《积极引导公益慈善力量进入社区养老服务体系》，《湖湘论坛》2014年第2期。

董红亚：《非营利组织视角下养老机构管理研究》，《海南大学学报人文社会科学版》2011年第2期。

董红亚：《养老服务视角下医养结合内涵与发展路径》，《中州学刊》2018年第1期。

杜鹏、孙鹃娟、张文娟等：《中国老年人的养老需求及家庭和社会养老资源现状——基于2014年中国老年社会追踪调查的分析》，《人口研究》2016年第6期。

房莉杰、杨维：《长期照护筹资模式：OECD国家的经验与中国三城市的实践》，《社会发展研究》2016年第8期。

付诚、王一：《政府与市场的双向增权——社会化养老服务的合作逻辑》，《吉林大学社会科学学报》2010年第5期。

高春亮、毛丰付、余晖：《激励机制、财政负担与中国医疗保障制度演变——基于建国后医疗制度相关文件的解读》，《管理世界》2009年第4期。

耿爱生：《养老模式的变革取向："医养结合"及其实现》，《贵州社会科学》2015年第9期。

龚向虎：《合作的产生——一个多视角理论综述》，《制度经济学研究》2008年第4期。

龚秀全：《医养融合的实现路径及其策略性嵌入——以上海为例》，《华东理工大学学报》（社会科学版）2016年第5期。

顾国爱：《我国医疗机构与养老机构合作机制的概念性框架及其政策

建议》,《商业经济研究》2016 年第 12 期。

郭晓宏:《风险管理与日本高龄者医疗制度改革》,《中国老年学》2004 年第 2 期。

郭冬、李惠优、李绪贤等:《医养结合服务老年人的可行性探讨》,《国际医药卫生导报》2005 年第 21 期。

韩志明:《街头官僚的行动逻辑与责任控制》,《公共管理学报》2008 年第 1 期。

黄佳豪:《关于"医养融合"养老模式的几点思考》,《国际社会科学杂志(中文版)》2014 年第 1 期。

黄金玲、郭启勇、裴冬梅:《我国医疗资源纵向整合的现状分析与对策研究》,《现代医院管理》2010 年第 5 期。

李长远、张举国:《我国医养结合养老服务的典型模式及优化策略》,《求实》2017 年第 7 期。

李丹、李晓娇:《公共治理视角下医养融合养老模式探索——以成都实践为例》,《党政研究》2017 年第 1 期。

李豆豆、易艳阳、张艺馨:《"医养结合"的社区养老模式构建研究》,《人力资源管理》2016 年第 8 期。

李建新、秋丽雅:《我国人口少子老龄化过程趋势、风险与对策分析》,《晋阳学刊》2022 年第 1 期。

李秀明、冯泽永、成秋娴等:《重庆市主城区老年人医养结合需求情况及影响因素研究》,《中国全科医学》2016 年第 10 期。

林卡、朱浩:《应对老龄化社会的挑战:中国养老服务政策目标定位的演化》,《山东社会科学》2014 年第 2 期。

刘芬芬、陈宇:《医养融合养老服务研究综述》,《经济与社会发展》2015 年第 12 期。

刘清发、孙瑞玲:《嵌入性视角下的医养结合养老模式初探》,《西北人口》2014 年第 6 期。

刘华:《关于上海推进"医养融合"的思考与建议》,《科学发展》2014 年第 5 期。

骆华伟：《完善浙江省老年医疗健康保障模式的探讨》，《浙江医学》2006年第9期。

马迎贤：《资源依赖理论的发展和贡献评析》，《甘肃社会科学》2005年第1期。

孟颖颖：《我国"医养结合"养老模式发展的难点及解决策略》，《经济纵横》2016年第7期。

荣敬本：《"压力型体制"研究的回顾》，《经济社会体制比较》2013年第6期。

史传林：《社会治理中的政府与社会组织合作绩效研究》，《广东社会科学》2014年第5期。

施巍巍：《发达国家老年人长期照护制度研究》，知识产权出版社2012年版，第131—138页。

孙培航、焦明丽、吴群红等：《公共服务外包视角下民营医院参与医养结合模式的可行性分析》，《卫生软科学》2016年第1期。

睢党臣、彭庆超：《"白发浪潮"下我国医养结合养老服务的发展困境与对策研究》，《宁夏社会科学》2016年第4期。

唐钧：《关于医养融合和长期照护服务的系统思考》，《党政研究》2016年第3期。

唐钧：《长期照护保险：国际经验和模式选择》，《国家行政学院学报》2016年第5期。

田珍都：《"医养结合"的关键环节与对策建设》，《社会福利》2015年第10期。

同春芬、王珊珊：《关于医养结合的研究综述》，《老龄科学研究》2016年第7期。

王长青、毛鹏远、陈娜等：《医养结合资源的多重整合》，《学海》2016年第6期。

王建云：《"医养结合"养老服务模式下资源整合路径研究》，《老龄科学研究》2015年第12期。

王敬尧：《"互动合作"的制度变迁模型——以武汉市江汉区社区建设

为例》，《华东师范大学学报》（哲学社会科学版）2005年第5期。

王莉莉：《中国城市地区机构养老服务业发展分析》，《人口学刊》2014年第4期。

王向南：《基于供给侧改革的养老服务业体系重构：一种治理的视角》，《税务与经济》2016年第4期。

王玉芬：《探索医养结合模式的政策思考》，《开放导报》2016年第3期。

王素英、张作森、孙文灿：《医养结合的模式与路径——关于推进医疗卫生与养老服务相结合的调研报告》，《社会福利》2013年第12期。

汪锦军：《政府与非营利组织合作的条件：三层次的分析框架》，《浙江社会科学》2012年第11期。

吴宏洛：《社会企业提供养老服务的公益逻辑与运行困境》，《福建师范大学学报》（哲学社会科学版）2017年第1期。

向东：《公益机构如何参与养老事业》，《学会》2013年第7期。

杨光飞：《从"关系合约"到"制度化合作"：民间商会内部合作机制的演进路径——以温州商会为例》，《中国行政管理》2007年第8期。

杨柯：《公共服务中政府与社会组织合作机制优化路径分析》，《云南行政学院学报》2013年第4期。

杨文杰：《中国特色医养结合服务模式发展研究》，《河北大学学报》（哲学社会科学版）2017年第5期。

杨燕绥、于淼：《人口老龄化对医疗保险基金的影响分析》，《中国社会保险》2014年第10期。

杨嘉莹：《结构性嵌入：医养结合在社区居家养老中的实践逻辑》，《哈尔滨工业大学学报》（社会科学版），2017年第5期。

杨哲：《"医养融合"养老服务：概念内涵、掣肘因素及推动路径》，《现代经济探讨》2016年第10期。

张勘、董伟：《上海城市社区失能老人长期照料的现况和政策建议》，《中国卫生政策研究》2009年第9期。

张康之：《论组织整合机制中的信任》，《河北学刊》2005年第1期。

张晓杰：《医养结合养老创新的逻辑、瓶颈与政策选择》，《西北人口》2016年第1期。

赵晓芳:《健康老龄化背景下"医养结合"养老服务模式研究》,《兰州学刊》2014年第9期。

周黎安:《中国地方官员的晋升锦标赛模式研究》,《经济研究》2007年第7期。

周雪光:《"逆向软预算约束":一个政府行为的组织分析》,《中国社会科学》2005年第2期。

周雪光、艾云:《多重逻辑下的制度变迁:一个分析框架》,《中国社会科学》2010年第4期。

朱春、程银宏:《民间公益组织间合作的逻辑与实现——基于上海市益优青年服务中心的研究分析》,《改革与开放》2011年第10期。

3. 中文译著

[法]皮埃尔·布迪厄、[美]华康德:《实践与反思——反思社会学导引》,李猛、李康译,中央编译出版社2004年版。

[法]涂尔干:《社会分工论》,渠东译,三联书店2000年版。

[美]彼得·伯格、托马斯·卢克曼:《现实的社会构建》,汪涌译,北京大学出版社2009年版。

[美]戴维·波普诺:《社会学》,李强等译,中国人民大学出版社1999年版。

[美]罗伯特·K.默顿:《社会理论和社会结构(增订本)》,唐少杰、齐心等译,译林出版社2015年版。

[美]麦可斯威尔:《质性研究设计》,陈浪译,中国轻工业出版社2008年版。

[美]詹姆斯·S.科尔曼:《社会理论的基础》,邓方译,社会科学文献出版社2008年版。

[美]W.理查德·斯科特、杰拉尔德·F.戴维斯:《组织理论:理性、自然与开放系统的视角》,高俊山译,中国人民大学出版社2011年版。

［美］韦伯:《经济与社会》,阎克文译,上海人民出版社2010年版。

［美］沃尔特·W. 鲍威尔,保罗·J. 迪马吉奥主编:《组织分析的新制度主义》,姚伟译,上海人民出版社2008年版。

［孟］尤努斯:《新的企业模式:创造没有贫困的世界》,鲍小佳译,中信出版社2008年版。

［英］安东尼·吉登斯:《第三条道路——社会民主主义的复兴》,郑戈、渠敬东、黄平译,生活·读书·新知三联书店2000年版。

4. 外文文献

A. Comas-Herrera, R. Wittenberg, J. Costa-font, et al., "Future long-term care expenditure in Germany, Spain, Italy and the United Kingdom", *Ageing and Society*, Vol. 26, No. 2, February 2006.

Brinkerhoff. J. M., "Government-nonprofit partnership: a defining framework", *Public Administration & Development*, Vol. 22, No. 1, January 2002.

Emerson. R. M., "Power-Dependence Relations", *American Sociological Review*, Vol. 19, No. 1, January 1962.

J. C. Campbell, N. Ikegami and M. J. Gibson, "Lessons From Public Long-Term Care Insurance In Germany And Japan", Health Affairs, Vol. 29, No. 1, August 2010.

Jane Jenson and Stephane Jacobzone, *Care allowances for the frail elderly and their impact on women care-givers*, OECD Labour Market and Social Policy Occasional Papers, No. 41, July 13, 2000.

J. Feder, H. L. Komisar and M. Niefeld, "Long-term care in the United States: an overview", *Health Aff* (*Millwood*), Vol. 19, No. 3, July 2000.

Kerr. S., "On the folly of rewarding A, while hoping for B", *Engineering Management Review IEEE*, Vol. 18, No. 4, December 1975.

Laura. R. Gadsby, "B. A. PACE- Program of All-inclusive Care for the Elderly", *Age in Action*, Vol. 19, No. 4, April 2007.

Lubitz. J., Greenberg. L., Gorina. Y., et al., "Three decades of health care use by the elderly, 1965 – 1998", *Health Affairs*, Vol. 20, No. 2, September 2001.

M. Geraedts, G. V. Heller and C. A. Harrington, "Germany's Long-Term-Care Insurance: Putting a Social Insurance Model into Practice", *Milbank Quarterly*, Vol. 78, No. 3, November 2000.

M. Karlsson, L. Mayhew, R. Plumb, et al., "Future costs for long-term care: Cost projections for long-term care for older people in the United Kingdom", *Health Polic*, Vol. 75, No. 2, January 2006.

Ozawa. M. N. and Nakayama. S., "Long-term care insurance in Japan", *Journal of Aging & Social Policy*, Vol. 61, No. 3, March 2005.

Pinka Chatterji, Nan. R. Burstein, David Kidder, et al., *Evaluation of the Program of All-Inclusive Care for the Elderiy (PACE) Demonstration The Impact of PACE on Participant Outcomes*, Cambridge: Abt Associates Inc., 1998.

Reardon. G., Nelson. W. W., Patel. A. A., et al., "Prevalence of ateial fibrillation in US nursing homes: results from the National Nursing Home Survey, 1985 – 2004", *J Am Med Dir Assoc*, Vol. 13, No. 6, July 2012.

Reed. J., Cook. G., Childs. S., et al., "A literature review to explore integrated care for older people", *International Journal of Integrated Care*, Vo. l5, No. 1, June 2005.

Salancik. G. R., Preffer. J., "The Bases and Use of Power in Organizational Decision Making: The Case of a University", *Administrative Science Quarterly*, Vol. 13, No. 4, April 1974.

S. Shirk, *The Political Logic of Economic Reform in China*, Berkeley: University of California Press, 1993.

Tang, S. P., *A General Theory of Institutional Change*, London and New York: Routledge, 2011.

5. 其他

国务院办公厅：《国务院办公厅转发卫生计生委等部门关于推进医疗卫生与养老服务相结合指导意见的通知》（国办发〔2015〕84号），《中华人民共和国国务院公报》2015年第33期。

国务院：《国务院关于印发"十三五"国家老龄事业发展和养老体系建设规划的通知》（国发〔2017〕13号），《中华人民共和国国务院公报》2017年第9期。

国家卫生计生委家庭司：《中国家庭发展报告（2015）》，中国人口出版社2015年版。

《中华人民共和国国民经济和社会发展第十二个五年规划纲要》，《人民日报》2011年3月17日第1版。

广西壮族自治区人民政府办公厅：《关于促进养老服务业加快发展的实施意见》（桂政发〔2014〕58号），《广西养老服务业综合改革试验区政策汇编》，中国社会出版社2017年版。

广西壮族自治区人民政府办公厅：《关于建设养老服务业综合改革试验区的意见》（桂政发〔2015〕33号），载《广西养老服务业综合改革试验区政策汇编》，中国社会出版社2017年版。

广西壮族自治区人民政府办公厅：《关于推进医疗卫生与养老服务相结合的实施意见》（桂政办发〔2016〕82号），载《广西养老服务业综合改革试验区政策汇编》，中国社会出版社2017年版。

广西壮族自治区民政厅编：《广西民政理论与实践——广西民政政策理论研究成果选编（2016）》，中国社会出版社2017年版。

广西壮族自治区民政厅编：《广西养老服务业综合改革试验区政策汇编》，中国社会出版社2017年版。

广西壮族自治区统计局、国家统计局广西调查总队：《广西统计年鉴（2021）》，中国统计出版社2021年版。

代丽丽：《中国养老人才缺口显著　护理员需求至少15万人》，《北京晚报》2017年7月26日第3版。

刘华：《"医养融合"重在融合现有资源》，《东方早报》2014年4月1日第3版。

韦静：《广西将全面放开养老服务市场》，《南宁日报》2017年10月11日第3版。

吴玉韶：《对新时代居家养老的再认识》，《中国社会报》2018年1月29日第3版。

佚名：《广西国民经济和社会发展第十二个五年规划纲要》，《广西日报》，2011年5月19日第1版。

邹榕：《健康广西在行动》，《广西经济》2017年3月30日第4版。

附　录

附录1：医养融合政策及发展访谈提纲

一、国家推动医养融合发展的主要政策有哪些？

二、广西政府及各级地方政府推动医养融合发展的配套政策有哪些？

三、广西城市医养融合发展取得了哪些成就？

四、广西城市医养融合模式主要有哪些？有哪些较为成功的案例？

五、当前医养融合发展的政策瓶颈有哪些？

六、当前广西医养融合发展的困境在哪里？

七、如何进一步实现医疗资源和养老资源的整合？

附录2：医养融合机构发展现状访谈提纲

一、机构如何走向医养融合的？（机构从成立至今的发展历程）（从以下6方面谈）

1. 当地医养融合政策
2. 当地政府实施医养融合政策情况
3. 当地社会特征（人口结构、教育水平、群体结构、老年人问题等）
4. 机构在社会服务中的角色定位
5. 机构内部结构的转型
6. 同行其他机构的影响

二、机构在获取养老资源、医疗资源和人力资源方面的途径分别有哪些？机构在资金、税费、用地、水电费、建设补贴、运营补贴等方面获得哪些政策支持？

三、如果政府购买养老服务，还需要整合哪些社会资源？需要创新哪些合作机制？还需要什么组织支持？

四、在机构逐步升级发展中，最亟待解决的问题有哪些？有什么应对措施？

五、在机构的人文关怀和文化建设上，主要有哪些成功的做法？有什么不足？需要什么样的创新？（开展老人活动，从经济效益上看是公益性的，没有赢利点，为此，这种具有公益性的活动要借助什么载体和力量呢？）

六、作为一种社会化的服务机构，如何才能引进一些社会力量参与其中？需要什么样的社会力量的加入？至少还应该包括哪些主体？

七、机构为何选择走与医疗机构合作的医养融合道路？

八、在医养融合中，养老和医疗机构合作的困难有哪些？在改进两者融合中，需要什么样的组织创新？

附录3：医养融合机构现状访谈提纲

您好！为了解广西养老机构医养融合现状，特开展此次调研，调研内容完全保密，恳请您积极配合，真诚感谢您的参与！

广西医养融合养老服务调研课题组

一、机构基本情况

1. 机构名称：

2. 成立时间：

3. 机构性质（民办/公办）：

4. 该机构床位数为：

5. 机构开展"医养融合养老服务"的方式是什么？接收对象主要为哪些老年人？目前入住总人数为？主要为入住老年人提供哪些"医养服务"？其中接受三级、二级、一级护理及专户服务的老年人人数分别为？

二、医疗队伍情况

1. 机构医生、护士、护理员、行政人员、社会工作者、心理咨询师分别有多少人？医生、老年人人数比是多少？护理员、老年人人数比是多少？

2. 机构医生的职称情况，全科医生的人数及比例；护理人员的学历，持证情况如何，是否接受过专业训练？

3. 机构医生、护士、护理员、行政人员、社会工作者、心理咨询师的人均月收入大概为多少？

4. 就目前而言，机构医护人员在为老年人提供服务的过程中，主要存在哪些困难？

5. 机构医护人员的工作状态如何？医护人员的流失情况如何？

6. 机构在医护人才培养方面是否有制度安排？具体包括哪些途径？

三、资金使用情况

1. 机构床位费每日为多少元？各级护理费每日分别为多少元（三级、二级、一级以及专户）？入住老年人的生活费标准为？

2. 机构的主要资金来源具体包括哪些方面？是否享受政府的专项补助，具体包括哪些项目？政府补助标准为多少？

3. 就目前发展来看，机构资金不足主要体现在哪些方面？

附录4：访谈信息表

序号	访谈人员	访谈日期	访谈编号
1	广西民政厅福利处黄处长	2014年7月11日	101
2	广西卫计委朱副主任	2014年7月21日	102
3	广西人设厅李处长	2014年7月23日	103
4	广西社会福利中心覃主任	2014年7月6日	104
5	广西社会福利中心廖科长	2014年7月15日	105
6	北海市民政局陈副局长	2014年8月9日	106
7	北海市民政局福利科李科长	2014年8月10日	107
8	北海市海城区李副区长	2014年8月19日	108
9	北海市海城区民政局宋局长	2014年8月19日	109
10	北海市海合老年公寓刘院长	2014年9月7日	110
11	北海市海合老年公寓张副院长	2014年9月7日	111
12	北海市博铧医院张院长	2014年9月8日	112
13	北海市社会福利院李副院长	2014年9月8日	113
14	南宁市民政局福利科张科长	2014年9月20日	114
15	广西重阳老年公寓杨副院长	2014年9月29日	115
16	广西重阳老年公寓李主任	2014年9月29日	116
17	广西重阳老年公寓潘社工	2014年10月11日	117

附录4：访谈信息表

续表

序号	访谈人员	访谈日期	访谈编号
18	桂林市民政局福利科李科长	2014年11月2日	118
19	桂林夕阳红养老中心陈院长	2014年11月3日	119
20	桂林夕阳红养老中心覃副院长	2014年11月3日	120
21	桂林夕阳红养老中心梁主任	2014年11月4日	121
22	桂林夕阳红养老中心刘主任	2014年11月4日	122
23	广西医科大学王教授	2015年1月7日	A1
24	广西发改委王处长	2015年1月16日	A2
25	12349信息平台吴总	2015年1月10日	A3
26	太和自在城谭总	2015年8月7日	A4
27	广西医科大学江教授	2015年3月2日	A5
28	广西大学谢教授	2015年3月5日	A6
29	北海市卫计委罗处长	2015年3月20日	A7
30	优年社区付总	2015年8月6日	A8
31	广西医大仁爱黎副院长	2015年3月7日	A9
32	南宁市社会福利院彭副院长	2015年3月7日	A10
33	柳州市柳北胜利老年公寓刘院长	2015年3月15日	A11
34	南宁市青秀区津头社区居委会秦主任	2015年3月25日	A12
35	南宁市青秀区南湖社区居委会陈主任	2015年3月26日	A13
36	重阳老年公寓张爷爷	2014年9月30日	123
37	重阳老年公寓张爷爷儿子	2014年9月30日	124
38	重阳老年公寓傅奶奶	2014年9月30日	125
39	重阳老年公寓傅奶奶儿子	2014年9月30日	126
40	夕阳红养老中心陈爷爷	2015年8月16日	127
41	夕阳红养老中心陈爷爷女儿	2015年8月16日	128

续表

序号	访谈人员	访谈日期	访谈编号
42	夕阳红养老中心梁奶奶	2015年8月16日	129
43	夕阳红养老中心梁奶奶儿子	2015年8月16日	130
44	海合老年公寓徐爷爷	2015年8月29日	131
45	海合老年公寓徐爷爷儿子	2015年8月29日	132
46	海合老年公寓肖奶奶	2015年8月29日	133
47	海合老年公寓肖奶奶女儿	2015年8月29日	134
48	社区王大爷	2015年9月2日	135
49	社区李奶奶	2015年9月2日	136
50	社区陈奶奶	2015年9月3日	137
51	社区张爷爷	2015年9月3日	138
52	社区杜爷爷	2015年9月3日	139

注：上述访谈对象的姓氏已经过研究者处理，不是真实姓氏。

后　　记

　　所谓"念念不忘、必有回响"。我从2012年起开始关注养老服务供给这一研究主题，到2017年完成博士学位论文写作，再到如今本书即将付梓，算起来也有十个年头了。在此期间，上至中央、下至地方，大到社会、小到家庭，养老问题似乎前所未有地引起如此广泛的关注。党的十九届五中全会提出"实施积极应对人口老龄化国家战略""深入推进医养结合"被写入《"十四五"国家老龄事业发展和养老服务体系规划》；《广西壮族自治区"十四五"养老服务体系规划》明确提出"到2025年底，养老机构普遍具备医养结合能力"的发展目标；仅仅是在广西南宁，短短三四年间就有南宁市五象养老服务中心、广投颐嘉金象苑养老服务中心、华润悦年华颐养社区、泰康之家桂园、太和自在城等多家融合医养康护一体化服务的养老机构、康养社区已经或即将投入运营；即便是在社区，依托社区卫生室（所），一批老年日间照料中心也直接面向广大居民提供综合性养老服务……医养结合养老服务愈发便捷可及，逐渐"飞入寻常百姓家"。

　　古人云：博观而约取，厚积而薄发。波澜壮阔的社会发展变迁历程提供了多方面的研究素材，琳琅满目的已有研究成果奠定了有意义的对话基础。于我而言，择一域而扎根、议一事而利民，此即从事应用型研究的最大乐趣和最高价值。在研究的过程中，我亲眼见到了老人因腿脚不便、经济受限而错过最佳治疗时机的辛酸，亲耳听到了养老服务机构在拓展医养结合服务上"心有余而力不足"的无奈。承蒙各级民政部门的支持和肯定，激励着我持续关注医养结合养老服务这一议题，也让我有机会为老年群体的需求发声、为各类机构的选择正名。

　　研究、写作的过程虽然辛苦，但并不孤独。回望来时路，面对学业、工作、家庭同时带来的压力和挑战，我曾有过无数次的挣扎与妥协，但依然努力调整，从未放弃。蒙受师长的教诲、家人的关爱、领导同事的关照、朋友的相助，养老机构负责人及管理人员、社区工作人员和老人的耐心配合，方使此书得以完成。在此，向各位致以诚挚的谢意！

　　感谢我的导师谢舜教授。谢老师引领我敲开社会学的大门，激励并鞭策我攀登知识高峰。由于自身不够抓紧，博士论文迟迟才能完成，谢老师虽然生气，但却是不厌其烦地悉心指导，让我逐渐深入思考"怎样做学问和做什么样的学问"，今天的我在学业上所取得的进步，凝聚了谢老师的心血和对学生的厚望，导师的勉励将一直激励我不断进步。在博士求学期间，我有幸聆听了向德平教授、夏玉珍教授、陆汉文教授等老师的精彩授课，在理论和方法上带给我涓涓滋养。特别感谢硕士母校广西大学的闭伟宁教授，闭老师在组织社会学课堂上鞭辟入里的讲授，激发了我对组织现象、合作问题的关注，闭老师的学术思想和为学风范让我受益良多。在写作过程中，闭老师对本书的结构设计、观点凝练等方面都提出了中肯建议，常常让我醍醐灌顶。

　　还要感谢我的家人，感谢他们这几年给我最真切的关爱和最无私的付出，感谢他们对我的包容和理解。我的父母都是县城普通而平凡的教育工作者，一辈子辛勤耕耘，深刻践行客家人崇文重教的理念，不仅教书育人、桃李满天下，也把自己的孩子培养成了一名光荣的大学老师。感谢父母的辛勤操劳和心血付出，三十多年的养育之恩难以回报。感谢我的爱人陈禹宏一直以来的相伴同行，是他在我毫无头绪时鼓励我沉下心来，是他在我焦头烂额于顾家、工作、研究之间时给了我莫大支持，不仅悉心照顾小孩，也让我感受到家庭的温馨。我的两个儿子陈奕君、陈睿轩自幼健康、聪敏、懂事，给了我克服学业和

后　记

工作困难的精神力量。尤其要感谢我的姑姑陈媛教授，她是我成为一名大学老师的启蒙者，她不仅给我的前行提供了榜样的示范，而且是我的教学引路人。感谢我的公公、婆婆、姑丈、叔叔、婶婶、弟弟、妹妹对我学业的关心和支持。感谢我的朋友覃思鼎、麻智翀、温健给予我的诸多鼓励和支持。

感谢我的工作单位广西医科大学的大力支持，感谢广西高校人文社科重点研究基地——健康与经济社会发展研究中心，感谢韦霄燕部长、王宇清部长、唐忠教授、秦桂秀教授、周波教授、陈飞教授、王前强教授、张新花教授对我的鼓励及肯定，感谢同事吴上、张孟见、陈新颖、胡烨、杨海秀、王晶晶、周一、朱晓宇、何肇红、黄子源、曹伟玲对我的帮助与支持，在此深表感谢！写作本书时，华师桂子山的那段博士时光时常浮现眼前。感谢邹鹰、郭云超、黄诚、向家宇、刘荣、王卫城等同学在学习及生活中给予我的热心帮助，与你们相识是我的幸运，从你们身上我也积累了宝贵的经验财富。

本书参阅了学界同仁的大量研究成果，给我提供了莫大的帮助，引用之处均已注明，若有疏忽遗漏，望海涵，在此一并致谢。

展望未来，我将心怀感恩、不忘初心、砥砺前行，做更好的自己！

陈宇

2022 年 8 月于南宁·南湖